10배의 부를 끌어당기는 성공의 비밀

10배의 부가 온다

10배의 부를 끌어당기는 성공의 비밀
10배의 부가 온다

초판 1쇄 인쇄 2024년 9월 13일
초판 1쇄 발행 2024년 9월 30일

지은이 박서윤

발행인 백유미 조영석
발행처 (주)라온아시아
주소 서울특별시 서초구 방배로 180 스파크플러스 3F

등록 2016년 7월 5일 제 2016-000141호
전화 070-7600-8230   **팩스** 070-4754-2473

값 19,000원
ISBN 979-11-6958-124-0 (13320)

라온북은 독자 여러분의 소중한 원고를 기다리고 있습니다. (raonbook@raonasia.co.kr)

PULLING

10배의 부가 온다

10배의 부를 끌어당기는 성공의 비밀

당신에게 다가오는 새로운 삶과 운명,
10배의 부를 받을 준비가 되었는가?

박서윤 지음

부에 대한
통찰을 통한
10배 성공
시크릿!!

10배의 부와 행운이 몰려오는 사람들의 5가지 비밀

1 10배 마인드 씽킹 2 10배 행동력 3 10배 차별화 4 10배 레버리지 5 소명의 기술

RAON
BOOK

RAON
BOOK

당신은 10배의 부를 받을
준비가 되었는가?

1597년 음력 9월 16일.

바다가 쪼개지는 듯한 굉음이 울려 퍼졌다.

"발포하라!"

조선 수군 통제사 이순신의 우렁찬 명령이었다.

13척 Vs 133척

조선을 지키고 싶은 그의 간절한 마음이 하늘에 닿지 못한 걸까? 전쟁의 승패는 심리전이 반이라 했거늘, 칠천량 해전에서 완전히 패배한 군사들은 사기가 바닥까지 떨어져 흔들거렸다. 반면 계속된 승리로 의기양양해진 왜군은 호시탐탐 조선 침략의 기회를 노리고 있었다. 진퇴양난의 순간, 그는 결단해야 했다. 이순신은 비장의 카드를 꺼내들었다. 그가 꺼낸 패는 이것이었다.

'두려움을 역이용하는 패'

조선을 지키기 위한 이순신의 가장 중요한 과업 중 하나는 패배로 떨어진 수군들의 사기를 다시 높이는 것이었다. 그는 두려움에 빠져 허우적거리는 군사들을 불러 모아 그들이 보는 앞에서 의, 식, 주를 모두 불태워 버렸다. 두려움을 부풀리는 퇴로를 차단하기로 한 것이다. 빠져나갈 구멍이 없으니 오직 앞으로 나아갈 수밖에 없도록 말이다.

> "만약 두려움을 용기로 바꿀 수만 있다면 그 용기는
> 100배, 1,000배가 되어 나타날 것이다. 한 사람이 길목을
> 잘 지킨다면 1,000명의 적도 떨게 할 수 있다 하였다."

이순신은 알고 있었다. 그들의 두려움을 용기로 바꾸기 위해서는 자신이 먼저 죽어야 한다는 것을. 결국 그는 조선의 승리와 자신의 목숨을 맞바꿀 각오를 다졌다. 그래야만 완전히 다른 승리의 결과를 만들어 낼 것이라 확신했기 때문이다. 마침내 뒤늦

게 참전에 합류하기로 한 배 한 척과 남아있는 12척의 배를 모아, 단 13척의 배를 이끌고 출전하기로 한다. 1957년 음력 9월 16일, 적들이 몰려오고 있는 전라남도 해남군 화원반도와 진도 사이에 위치한 울돌목 앞바다로 향했다.

이순신에게는 배가 단 13척뿐인 반면, 적들의 배는 이순신이 가진 배보다 무려 10배나 많은 133척이나 되었다. 수치로만 봐도 10배 차이였다. 이기는 것이 불가능한 게임이었다. 하지만 이순신에게는 두려움을 용기로 바꾼 1,000배의 에너지가 있었다. 그것은 압도적 '기세'였다. 목숨에 기대지 말고 죽고자 하면 살 것이라는 그의 기세는 조선의 운명을 하루아침에 바꾸어 놓았다.

여기서 우리가 짚고 가야할 중요한 포인트가 있다. 이순신은 무려 32전 32승 신화를 만든 조선 최고의 '전략가'라는 사실이다. 그는 왜 전장의 장소를 울돌목으로 정했을까? 왜적에 비해 극단적 열세라는 것을 알았기에 또 다른 전략인 울돌목의 지형적 특징을 활용하기로 한 것이다. 울돌목의 물길과 물살이 오후가 되면 거세게 바뀐다는 것을 미리 알고 있었던 이순신은 적들을 그곳으로 유인했다.

지형적 특징에 무지했던 왜군은 당연히 수세로 몰아붙이기 시작했다. 일본군이 이순신의 대장선을 침범하려던 찰나, 울돌목의 물살이 거세지기 시작했다. 왜적들이 물살에 휩쓸려가기 시작했다. 반면 왜적을 향해 진격하기 좋은 물살을 활용할 수 있게 된 이순신은 한층 더 거센 공격을 퍼붓게 된다. 울돌목 물살을 이용해 반격의 기회를 만든 이순신은 마침내 가장 막강한 공격포 카드를 꺼냈다.

"발포하라!"

이순신의 명령이 떨어지자마자 시작된 발포 공격으로 왜적들은 처참한 최후를 맞이하게 된다. 마침내 이순신의 결단과 용기가 완전히 다른 10배 격차의 기적을 만들어 낸 순간이었다. 이것이 바로 "신에게는 아직 12척의 배가 있습니다."라는 명언을 남긴 '명량해전' 이야기다.

이순신은 두려움이 없었을까? 그가 명량해전 중 적어 놓은 《난중일기》에는 이런 글귀가 있다.

> "그리운 생각에 눈물이 흐른다. 세상에 어찌 나 같은 사람이 있겠는가! 심회를 걷잡을 수가 없다."
>
> -《난중일기》

결전을 앞두고 불안한 나날을 보내는 그의 마음이 고스란히 느껴진다. 그럼에도 불구하고 무엇이 그에게 단 13척의 배로

133척의 왜군을 물리칠 수 있는 용기와 기세를 갖게 했을까?

그에게는 '위기를 직감하는 능력'이 있었다. 더 이상 조선의 수로를 내어 주면 조선은 끝날 것이라는 위기감, 조선을 반드시 지켜내야 한다는 그의 '간절함'이 목숨까지 내걸만한 용기를 이끌어 낸 것이다. 그는 생각했다. 바다를 버리는 것이 곧 조선을 버리는 것이라는 것이라고 말이다. 바로 이 위기를 직감하는 능력과 간절함, 그리고 간절함을 기회로 만든 용기 있는 전략들이 이순신을 32전 32승으로 이끈 최고의 비결이 아닐까?

나는 지금 이순신 장군이 승리를 이끈 멋진 성공 신화에 감동받기 위해 이야기를 꺼낸 것이 아니다. 당신 앞에 놓인 위기를 보여주기 위해서다. 당신 앞에는 지금 어떤 위기가 도래했을까? 이제 다시 현실로 돌아와 우리가 살고 있는 세상의 위기를 찾아보자.

각자도생 전략이 필요해진 양극단의 세상

2020년 3월 22일, 전 세계에 이어 대한민국도 락다운(Rock down) 됐다.

그로부터 3년 뒤인 2023년 7월 1일, 드디어 코로나19 여파로

묶였던 모든 제약들이 완전히 해제됐다. 그렇게 고립되어 묶여 버린 3년 동안 대한민국은 완전히 다른 세상이 되었다.

2021년 10월 28일, 세계 최대 사회관계망 서비스 기업인 페이스북은 회사명을 '메타(Meta)'로 변경한다고 공식 선언했다. 페이스북 최고 경영자 마크 저커버그는 회사명 변경 사유에 대해 이렇게 말했다.

"기존 브랜드 (페이스북)가 미래는 고사하고 현재 우리가 하는 모든 것을 대표하지 못한다. 우리는 변화가 필요하다. 시간이 흐를수록 우리가 메타버스 회사로 보이기를 바라며, 우리가 구축하고 있는 것에 우리의 일과 정체성을 두고 싶다. 가상 환경에서 사람들이 일하고, 소통할 수 있는 온라인 세계인 메타버스를 구축하려 한다. 우리는 이제 비즈니스를 애플리케이션 제품군과 미래 플랫폼용이라는 두 가지 부문으로 나눠 보고하고 있다. 그 일환으로, 우리가 하는 모든 일을 포괄하고, 우리가 누구이고, 무엇을 만들고 싶은지 반영하기 위해 새로운 회사 브랜드를 채택해야 할 때다."

2021년 10월 29일자 BBC 기사

마크 저커버그가 말한 가상현실은 우리가 미처 경험해보지 못한 세상의 문이 10배 더 빠르게 열릴 것이라는 메시지, 즉 완전히 다른 '속도'와 완전히 새로운 '모습'의 세상이 열릴 것을 암시하기에 충분했다.

2020년부터 2023년까지 락다운 기간 동안 대한민국에서는 동전의 양면처럼 두 갈래 운명의 길이 펼쳐졌다. 금융권과 항공사, 면세점, 게임 업계, 호텔업 등에서 가장 많이 발생한 현상은 '인원감축'이다. 예측하지 못한 코로나 블랙스완의 등장은 오프라인 세상의 루트를 완전히 마비시켜 버렸다. 오프라인 기반으로 강세를 펼치던 수많은 기업과 사람들은 미처 준비되지 못한 채 손 쓸 틈도 없이 코로나 여파에 고스란히 휩쓸려 버렸다. 크게 들이마셨던 바람을 토해내듯 축소하기 시작했다. 쓰나미처럼 쏟아진 구조조정의 물결 앞에 버틸 수 있는 시간은 많지 않았다. 그간 이뤄놓은 지위의 고하를 막론하고 무자비할 정도로 잔인한 해고의 바람은 세상을 꽁꽁 얼어붙게 만들기에 충분했다.

반면 그와 정반대 세상에서는 르네상스 못지않은 호황기가 펼쳐지고 있었다. 닫힌 문틈을 비집고 나와 자신의 존재를 세상에 드러내기 시작한 사람들이 바로 그 주인공들이다. 동네 환자들만 진료하던 의사가 유튜브 영상 몇 편을 업로드 해 전국적으로 유명한 인플루언서가 되었다. 15년 넘게 집안 살림만 해 오던 주부가 자신의 일상을 SNS에 공유하면서 유명 대기업 협찬 광고 1위 인플루언서가 되었다. 유별날 정도로 먹는 걸 좋아했던 대식가 소녀는 꾸준히 자신의 먹방을 업로드 해 TV까지 진출하는 행운을 누리게 되었다. 소소하게 인테리어를 해 주던 무명 인테리어 회사 대표는 자신의 회사가 인테리어 해 준 모습들을 꾸준히 촬영해 SNS에 공유하고 책을 썼다. 거기에 가장 기본적인 인테리어 지식들을 영상에 담아 무료 강의까지 해 주었다. 이 사람은 순식간에 인테리어 업계 탑티어가 되어 세계적 인테리어 박람회에 자문위원으로 초청받게 되었다.

이 두 갈래의 운명은 동시대에 벌어진 일들이다. 단 3년 만에 세상은 완전히 극단으로 갈라졌다. 흩어지고, 쪼개지기 시작했다.

기존에 없던 10배 격차를 만들어야 하는 이유

그렇다. 대한민국의 일상을 완전히 뒤바꾼 코로나 이후의 세상은 어떤 사람에게는 위기를, 어떤 사람에게는 커다란 부를 거머쥘 수 있게 했다. 세상의 속도가 걷잡을 수 없이 빠르게 변화되고 있다. 변화는 다른 말로 '부의 재분배'를 뜻한다. 부는 변화에 따라 이전되는 속성이 있기 때문이다. 중요한 것은 속도가 너무 빨라 속도에 적응하지 못하는 사람들이 속출하고 있다는 것이다.

이것이 내가 말하는 가장 큰 위기다. 당장 당신 스스로만 해도 변화의 속도에 적응하고 있는가? 자신있게 말할 수 있다면 아래 몇 가지를 이해하고 활용하고 있는지 말해보라.

- 유튜브 또는 각종 SNS (소비 말고 생산)
- 챗 GPT와 인공지능 (알고 있다 말고 활용할 수 있다.)
- 네이버 블로그 (알고 있다 말고 네이버 로직대로 활용할 수 있다.)
- 직장이 아닌 직업 (당장 내일 퇴사해도 부를 창출할 능력이 있다.)
- 온, 오프라인 플랫폼 판매 (교육 또는 상품을 판매할 수 있다.)
- 커뮤니티 플랫폼 운영 (당신의 영향력이 미치는 커뮤니티를 운영하고 있는가?)

이것이 진실이다. 아직 활용하고 있는 것이 없다면 상당히 심각한 위기임을 알아야 한다. 다행히 모든 위기는 그에 상응하는 기회의 씨앗을 숨겨 두고 있다. 그렇다면 이제 부의 이전에 따라 커다란 부를 가져갈 자는 누구일까? 바로 이순신의 10배 격차

전략을 취하는 사람이 그 주인공이 될 것이다.

첫째, 필사즉생 생즉필사, 당신이 갖고 있던 '당연함'이라는 사고방식을 죽을 각오로 내려놓아야 한다.

둘째, 이순신이 10배 차이가 나는 수세에도 승리를 할 수 있었던 울돌목 전략을 취해야 한다. 당신이 부를 얻고 싶다면 부가 거세게 흘러들어오는 '부의 울돌목' 자리로 가야 한다.

셋째, 이순신이 적의 함대를 무찌르기 위해 거북선을 활용했듯 당신도 AI와 플랫폼 능력자가 되어야 한다.

가장 중요한 것은 지금부터 당신 스스로 10배 격차를 만들어내는 삶을 살겠다고 결단하는 것이다. 결단의 힘은 결코 예전의 삶으로 돌아가지 않겠다는 '필사즉생'의 마음에서 생겨난다.

평범한 사람들이 조용히 살아가려 할 때, 당신은 10배 더 많이 나를 알려 격차를 만들어 내야 한다. 평범함 사람들이 똑같은 이력서로 취업경쟁을 펼칠 때 당신은 당신이 가진 가치를 극대화하고 더 많은 사람들이 당신을 찾아오게 만들어야 한다.

많은 사람들이 자신의 가치를 드러내지 않아 구조조정의 바람을 맞닥뜨려야 할 때, 당신은 이미 달라진 세상에 최적화된 성공 매뉴얼을 실천하고 있어야 한다. 양극단에서 추락하는 표적이 되지 않으려면 지금, 당신은 무엇을 해야 할까? 기꺼이 10배의 부를 받을 준비가 되었는가?

이 책은 내가 지난 10년간 부에 대한 통찰을 직접 배우고 경험한 실전들, 그리고 수많은 부자들을 만나 생각을 나누는 대화를 통해 만들어진 실천적 지혜들이 고스란히 담겨 있는 책이다. 이 책은 집필 기간보다 실천 기간이 훨씬 더 긴 10배 성공 교과서와 같은 책이다.

10년 전만 해도 빛 3억 5천 원이 전 재산이었던 나는 불과 10년 만에 말도 안 되는 성공루트를 걷고 있는 중이다. 10년 전보다 버는 능력이 약 16배 증가했으며, 꿈 리스트에 간절하게 적었던 '내 집 마련'이라는 글자 덕분에 현재는 사랑하는 남편, 세 아이와 함께 53평 꿈의 집에서 살고 있다. 뿐만 아니라 교육 기업가의 꿈을 키우며 사업을 10년째 하고 있다. 이 사업을 통해 나는 수많은 사람들의 인생 방향을 바꿔주었으며, 돈 버는 능력을 키워주고 있다. 이 책 역시 내가 좋아하는 카페에 앉아 자유를 만끽하며 쓰고 있다. 전작 《10배 버는 힘》을 통해 내가 빛 3억 5천의 굴레를 빠져나올 수 있는 10배 마인드셋의 비밀을 알렸다면, 이 책은 10배의 부를 흘러들어오게 하는 실전으로 가득 채워

놓았다.

  이 책에 나와 있는 10배 성공의 루트들을 하나씩 따라 하기 시작할 때 당신의 삶은 변화 그 이상의 위대함을 얻게 될 것이다. 성공의 길은 넓은 길이 아니라 좁은 길을 따라갈 때 보인다. 결코 평범한 길은 아니라는 말이다. 용기도 필요하고, 결단도 필요하다. 하지만 그 대가가 10배의 부를 얻는 길이라면 용기를 걸어볼 만하지 않은가?

  부디 이 책을 통해 당신의 모든 순간에 10배의 부가 흘러들어 오길 응원한다. 자, 그럼 10배의 부를 얻으러 나와 함께 떠나보자.

인사이트 퀸 소피노자
박서윤

Contents

Chapter.1

10배 큰 부와 행운이 몰려오다

Chapter.2

10배의 부와 행운이 몰려오는 사람들의 5가지 비밀

1단계 : 10배 큰 부를 이루는 출발점 〈10배 마인드 씽킹〉

Chapter.1

10배 큰 부와
행운이 몰려오다

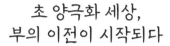

초 양극화 세상,
부의 이전이 시작되다

1

🖋 10배 큰 부의 시그널이 켜지다

대한민국이 뜨겁다. 코로나 기간 동안 무한대로 돈이 풀리면서 부의 펌프질이 시작됐다. 온몸 구석구석에 피가 흐르듯 돈이 이곳저곳에 마구 흩뿌려지면서 대한민국의 심장 박동수가 빨라졌다. 이렇게 인플레이션이 크게 팽창되고 나면 '부의 이전 현상'이 일어난다.

세계의 모든 경제 사이클은 팽창과 수축을 반복하게 되는데 코로나 때 부의 팽창이 급격하게 이루어지던 경제 사이클이 이제 수축경제 사이클로 빠르게 전환되고 있기 때문이다. 거기에 더해 경제 사이클이 변환되기 시작하면 사회구조적으로 새로운 변동단계에 따른 완전히 다른 단계로의 변화가 요구되기 시작한다. 사이클에 따라 변화되는 세상의 모습에 맞춰 개개인 역시 적극적으로 변화해야 한다. 그렇지 않으면 변화에 대한 저항감 때문에 심한 고통을 겪게 될지 모른다.

과연 코로나 때 풀린 어마어마한 돈들은 앞으로 누구에게, 어떻게 흘러 들어가게 될까? 확실한 것은 부의 이전 현상은 누군가에게는 비극이고, 누군가에게는 기적이 될 것이라는 사실이다.

대한민국 빅데이터 전문가인 송길영씨는 《그냥 하지 말라》에서 미래는 누구에게나 와 있지만 누구에게나 균등하게 온 것은 아니라고 했다. 하지만 그는 아직 내게 일어나지 않은 일이라도 다른 이에게 일어나고 있는 변화라면 언젠가 반드시 나에게도 일어날 수 있다고 했다. 데이터로 미래의 변화들을 예측해 가는 그가 앞으로 일어날 시대의 변화를 예고하는 두 가지 힌트를 남겼다.

첫 번째 힌트는 '각자도생'이다. 앞으로 내 살 길은 내가 스스로 찾아야 한다는 것이다.

두 번째 힌트는 '자기 세일즈 시대'의 탄생이다. 이러한 현상은 로봇의 보편화로 인해 인간의 일자리가 위협받으면서 생긴 현상 중 하나라고 한다. 지금 현재에도 시시각각 얼마나 많은 사람들이 로봇과 인공지능으로부터 일자리를 빼앗기고 있는가?

이런 현상에 관한 이야기는 급조된 게 아니다. 이미 2017년 서울대 유기윤 교수 연구팀이 발표한 자료에 따르면 미래에는 부의 계급이 4개의 계급으로 나뉠 것이라고 예측했다.

첫 번째 최상위 계급은 **플랫폼 소유주**다. 두 번째 계급은 **플랫폼 속 스타**들이다. 세 번째 계급은 **인공지능**(AI)들이다. 충격적이게도 마지막 네 번째 계급이 바로 일반 사람들이 속한 '**프레카리아트**' 계급이다.

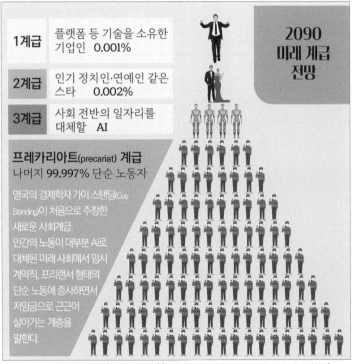

1계급 플랫폼 등 기술을 소유한 기업인 0.001%

2계급 인기 정치인·연예인 같은 스타 0.002%

3계급 사회 전반의 일자리를 대체할 AI

프레카리아트(precariat) 계급
나머지 99.997% 단순 노동자

영국의 경제학자 가이 스탠딩(Guy Standing)이 처음으로 주창한 새로운 사회계급. 인간의 노동이 대부분 AI로 대체된 미래 사회에서 임시 계약직, 프리랜서 형태의 단순 노동에 종사하면서 저임금으로 근근이 살아가는 계층을 말한다.

2090 미래 계급 전망

2090 미래 계급 전망(부의 계급도)(※ 서울대 유기윤 교수 연구팀 자료 참조)

여기서 더욱 주목해야 할 현상은 시간이 지날수록 부의 계급이 나뉘며 99.997%가 프레카리아트로 전락해 간다는 사실이었다. 프레카리아트 계급에게는 심각한 문제가 몇 가지 발생하게 되는데, 그 문제들은 다음과 같다.

〈프레카리아트 계급의 특징〉

1. 열정이 없다.
2. 내가 하는 일의 가치를 깨닫지 못한다.
3. 먹고 사는 문제로 평생 고통 받는다.

유기윤 교수팀은 프레카리아트 계급이 많아질수록 부의 이전은 더더욱 양극화 현상을 띠게 될 것이라고 했다. 이러한 초 양극화 현상을 예측한 유기윤 교수는 이런 형태의 부의 이전 현상을 '기괴한 자본 세상'이라고 표현했다. 2017년 미래 보고서가 발표된 이후 무려 6년이 흐른 지금 실제로 많은 사람들이 인공지능에게 일자리가 대체되는 것을 실시간으로 목도하고 있다. 먹고 사는 문제를 해결하지 못한 채 일자리를 빼앗긴 일반 시민들은 대비할 틈도 없이 '프레카리아트'의 삶을 살게 되었다. 어쩌면 이 글을 읽는 당신도 머지 않은 미래에 대체될 운명에 놓여 있을지 모른다.

만약 커다란 저수지 한가운데부터 물이 빠지고 있다면 과연 그

저수지에서 물고기가 버틸 수 있는 시간은 얼마나 될까? 현재 중산층의 삶이 바로 물이 빠지고 있는 저수지에 놓인 물고기의 삶과 같다. 문제는 중산층에 존재하는 사람들 대다수가 '나는 아닐 거야!'라며 다가오는 변화로부터 저항성을 갖거나 대비하지 않은 채 안주하고 있다는 것이다.

요즘 우리 연구소의 상담 건 중 '직장에서 퇴사 통보를 받고 어떻게 해야 할지 모르는 사람들의 걱정'이 가장 많은 수를 차지하고 있다. 얼마 전 자신이 18년 동안 최선을 다한 직장에서 하루아침에 퇴사 권고를 받아서 마음 속 분노가 가라앉지 않는다며 나를 찾아왔다. 이런 현상이 몇달 사이에 급격히 증가되고 있는 것을 피부로 체감하고 있는 요즘이다.

혹시 당신도 현재 그곳에 속해 있지는 않은가? 그렇다면 중산층을 살다 99.997%의 프레카리아트로 전락하는 삶에서 빠져 나오기 위해 하루 빨리 기존의 당연하다고 여겼던 틀과 삶을 거부해야만 한다. 기괴한 자본주의가 펼쳐지는 세상에서 '당연함'이란 고정관념들은 당신을 더욱 프레카리아트의 삶으로 빠뜨리게 될 늪과 같으니 말이다.

✒ 버텨내면서 돌파하고 돌파하면서 버텨내는 핵개인들의 문이 열린 세상

중요한 질문을 몇 개 던져본다.

1. 당신은 당신만의 플랫폼을 운영하고 있는가?

2. 당신은 유명한 인플루언서인가?

3. 당신의 네임밸류만으로 스스로 부를 창출해 낼 수 있는가?

4. 당신은 직장에서 주는 월급이 아닌, 나만의 브랜딩을 구축했는가?

만약 3개 이상의 질문에 긍정적 답변이 나오지 않았다면 미안한 이야기를 먼저 해야겠다.

"당신은 곧 대체된다."

아니, 이미 대체되었을 수도 있다. 원하든, 원하지 않든 인공지능보다 더 낮은 계급의 삶을 살아야 하는 운명의 시대로 접어들었다. 그렇다면 준비하기엔 이미 늦었기 때문에 희망이 없단 말인가? 그렇지 않다. 변화의 다른 말은 부의 재분배가 이루어진다는 뜻이다. 아직 대한민국의 심장은 뜨겁게 살아있다. 실시간으로 부의 이전과 변화가 가속화되고 있다. 이 변화의 파도에 지금이라도 빨리 올라타야만 한다. 그렇지 않으면 조지 버나드 쇼가 남긴 묘비명처럼 우물쭈물하다 어느 순간 인공지능보다 못한 삶 속에서 허우적거리게 될지 모른다.

아직 늦지 않았으니 이제부터라도 당신은 부가 이전하는 곳을 향해 달려가야 한다. 부가 쏟아지는 골목에 먼저 서서 새로운 부의 주인으로 살 수 있는 압도적인 격차를 만들어 내야 한다. 부디 이전의 당연함을 거부하고 완전히 새로워진 부의 공식을 따라 10배 큰 부와 행운을 맞이할 준비를 해낼 수 있는 존재가 되기로 결심하라.

돈의 크기가 커진 만큼 성공으로 향하는 저항성도 커진 세상이다. 당신은 최선을 다해 버텨내면서 돌파하고 돌파하면서 버텨내야 한다. 강풍이 불 때는 몸을 낮추고, 강풍이 멈추면 전속력을 다해 돌파해 내야 한다. 자! 이제 돌파할 준비가 되었는가?

가장 먼저 당신의 현재 상황을 직면해 보자.

당신이 대체될 운명이라는 것을 단번에 알 수 있는 방법이 있다. 중간층의 사람들은 몇 가지 공통점을 갖고 있기 때문이다.

1. 당신은 유명하지 않다.
2. 당신은 내가 무엇을 잘하는 사람인지 명확히 알지 못한다.
3. 당신은 일상에 치여 세상이 어떻게 바뀌고 있고 부의 이전이 어디로 향하고 있는지 관심이 없다.

앞으로 당신의 유일한 과제는 10배 더 많이 주목받는 삶으로 성공의 축을 이동시키는 것이다. 그래야 초양극화의 세상에서 부의 주인이 될 수 있다. 그랜드 카돈은 "당신의 유일한 문제는 유명하지 않은 것이다."라고 했다.

자, 이제 네이버에 내 이름을 검색해보자. 내 이름 앞에 붙은 것들은 무엇이 있는가? 아직 이름조차 검색되지 않는다면 출발점으로 돌아와 자기 세일즈를 시작할 준비를 하라.

각자 도생해야 하는 세상에서 자기 세일즈는 필수조건이다. 이미 세상은 튀는 1등만 살아남도록 변했다. 그러므로 당신은 회사 직급이 아닌 네임 밸류로 당신의 부를 이뤄가야만 한다.

다시 말하겠다. 당신의 의무는 주목받는 것이다. 지금보다 10배 더 유명해지는 것이다. 그렇지 않으면 빠르게 대체된다. 소멸된다. 먹고 사는 문제로 평생 고통 받으며 살게 된다.

초양극단의 삶에서 어떤 선택을 해야 할까?

오직 변화의 주인공이 되기로 결단한 후에야 부의 기적이 시작될 것이다. 이 책과 함께 인생의 10배 격차를 만들어가는 린치 핀*이 되어 보는 것은 어떨까?

---

* 린치핀 : 누구도 대체할 수 없는 존재 (세스 고딘)

'쩐의 전쟁'보다 무서운 '찐의 전쟁'

2

당신은 진짜입니까?

Q. 진짜와 가짜를 구별하는 방법은 무엇일까?

진짜와 가짜를 구별하는 방법은 상황에 따라 다를 수 있지만, 일반적으로 사용할 수 있는 몇 가지 유용한 기준과 방법이 있습니다. 여기에는 정보, 제품, 사람 등 다양한 측면이 포함됩니다.

1. 정보의 진위 구별법

출처 확인 : 정보가 신뢰할 수 있는 출처에서 나왔는지 확인하세요. 공신력 있는 뉴스 기관이나 학술지, 정부 기관

등의 출처가 더 신뢰할 수 있습니다.

다양한 출처 검토 : 동일한 정보가 여러 독립적인 출처에서 확인되는지 살펴보세요. 여러 출처에서 동일한 내용을 다루고 있다면 진짜일 가능성이 높습니다.

전문가 의견 : 해당 분야의 전문가나 권위자의 의견을 참고하세요. 전문가들은 일반 대중보다 더 깊이 있는 지식과 이해를 가지고 있습니다.

논리적 일관성 : 정보가 논리적으로 일관되고, 과학적 근거에 기반하고 있는지 확인하세요. 비논리적이거나 과학적으로 증명되지 않은 주장은 가짜일 가능성이 있습니다.

2. 제품의 진위 구별법

인증 마크 확인 : 정품 인증 마크나 홀로그램 스티커 등을 확인하세요. 공식 인증 마크는 제품이 진짜임을 증명합니다.

가격 비교 : 시장 가격과 비교해 너무 저렴한 제품은 가짜일 가능성이 높습니다.

구매처 확인 : 신뢰할 수 있는 공식 판매처에서 구매하는 것이 좋습니다. 불법 판매처나 의심스러운 온라인 쇼핑몰은 피하는 것이 좋습니다.

포장 및 마감 상태 : 정품은 일반적으로 포장과 마감 상태가 훌륭합니다. 품질이 낮거나 포장이 허술한 제품은 가짜일 가능성이 큽니다.

3. 사람의 진위 구별법

신원 확인 : 신분증이나 공식 문서로 신원을 확인하세요. 특히 중요한 거래나 계약을 할 때는 더욱 신경 써야 합니다.

배경 조사 : 상대방의 경력이나 이력을 확인해 보세요. 인터넷 검색이나 관련 네트워크를 통해 확인할 수 있습니다.

행동 관찰 : 사람의 행동과 말투, 일관성을 살펴보세요. 진짜인 사람은 일반적으로 일관성이 있고, 논리적이며, 신뢰할 수 있는 행동을 보입니다.

참고인 확인 : 다른 사람의 의견이나 추천을 확인하세요. 특히 신뢰할 수 있는 사람의 추천은 중요한 정보가 될 수 있습니다.

너무 자세히 기록되어 있어서 놀랐는가? 이 지식들은 내가 쓴 글이 아니다. AI가 만들어 준 글이다. 내가 한 일은 AI에게 '진짜와 가짜를 구별하는 방법'을 알려달라고 입력했을 뿐이다. AI의 기술 발달은 우리에게 편리함과 과학 기술의 유용함을 효과적으로 사용할 수 있게 해 주었다. 반면 급격하게 발달한 기술효과 때문에 발생한 역효과도 있다. 성공으로 향하는 힘을 길러 줄 진짜 실력을 쌓기도 전에 얼마든지 AI 기술을 활용해 자신의 실력을 숨긴 채 마치 자신의 실력인 것처럼 포장할 수 있게 된 것이다.

'도넛 효과'라는 것이 있다. 자신의 경력과 실력을 쌓아가는 과정 중에 도넛 가운데가 뻥 뚫린 것처럼 실속은 없고, 겉모습만 실력자처럼 꾸며내는 것을 말한다. AI 기술이 발달할수록 사람들은 더 쉬운 것, 더 좋아 보이는 것을 찾아 헤매게 되었다. 도넛 효과로 만들어진 진짜 같은 가짜들이 많아진 세상에서 진짜 실력과 내공을 갖춘 사람들을 구별해 내는 것이 쉽지 않은 상황이 되어 버렸다. 사람들은 이제 진짜와 가짜가 뒤섞여 넘쳐나는 세상에서 진짜를 찾는 진실 게임을 해야만 한다. 우리는 어떻게 진짜를 구별해 낼 수 있을까?

✒ '가짜'와 '진짜' 사이에서 진짜 실력을 가르는 것

하루가 다르게 변화되고 있는 불확실한 세상에서 사람들은 어떤 사람이 진짜라고 믿어줄까?

　가장 먼저 선행되어야 할 것은 업의 기준을 스스로에게 자문해 보는 것이다. 당신은 현재 하고 있는 '일'을 먹고 살기 위해서만 하고 있는가? 아니면 내면의 성숙함과 유의미함까지 키우기 위해 하고 있는가? 내가 가장 먼저 이런 질문을 던지는 이유는 진짜 실력이란 오랜 시간 축적된 '우직함'으로부터 나오기 때문이다. 먹고 살기 위해 일하는 사람은 우직함을 견뎌낼 힘도 없고 이유도 없다. 하지만 진짜 실력을 가진 사람들은 세상의 변화에 맞춰 의미 있는 존재로 자신을 계속 변화시키며 유연하고 우직하게 자신의 업을 발전시켜 나간다. 진짜 실력자들은 '지속하는 힘'이 가장 강력하게 진짜를 증명하는 방법이라는 것을 알고 있기 때문이다.

　맞다. 실력은 단기간에 쌓이지 않는다. 아무리 과학 기술이 발달해도 진짜 실력인 '우직함'을 쌓아가지 않으면 평범함과 보통 그 사이를 왔다 갔다 할 뿐이다. 도넛 안의 구멍에 포함되어 있는 평범한 사람들은 자신의 일을 깊이 사랑하지 않는다. 어떻게 하면 더 빨리, 더 쉽게 할 수 있을까만 고민하다 결국 내공이 부재된 가짜 인생을 살게 된다. 도넛 가장 자리에 있는 사람들은 매 순간 일의 의미를 자신의 인격 안에 새기는 삶을 사는 사람들이다.

일본 경영의 신 이나모리 가즈오는 '인생'과 '일'에는 같은 성공 방정식이 적용된다고 말했다.

인생과 일 = 능력(재능) × 열의 × 사고 방식

이나모리 가즈오가 말하는 재능이란 부모에게 물려받은 선천적인 지능을 말한다. 열의는 후천적 노력에 의해 만들어지는 열정을 말한다. 마지막으로 가장 중요한 '플러스 사고방식'을 빼 놓을 수 없다. 플러스 사고방식이란 이런 뜻으로 해석할 수 있다,

- 무슨 일이든 이룰 수 있다고 믿는 것
- 모두 함께 일하고 기쁨을 나누는 것
- 항상 긍정적으로 생각하고 행동하는 것
- 다른 사람들에게 선의를 베푸는 것
- 자신보다 남을 먼저 배려하는 것
- 정직과 겸손과 노력을 아끼지 않는 것
- 남의 것을 탐하지 않고 욕심을 멀리 하는 것
- 모든 일이 뜻대로 된다고 믿는 것

- 이나모리 가즈오,《왜 일하는 가》※ 참고

플러스 사고방식은 일에 대한 우직한 믿음과 실력을 쌓아감으로써 생겨나는 것이다. 이나모리 가즈오는 플러스 사고방식과 열정, 재능을 결합하여 '베스트'가 아니라 '퍼펙트'가 되라고 말한다. 베스트는 상대적일 수 있지만 퍼펙트는 절대적인 존재가 되기 때문이다. 나 역시 전작 《10배 버는 힘》에서 최고가 되려 하지 말고 유일한 존재가 되기 위해 힘쓰라는 메시지를 전했다. 인공지능에 대체되지 않는 최상위 부의 계급자인 '진짜'로 살아가고 싶다면 당신은 그저 그런 99%가 아니라 유일한 1%로 살아가야 한다. 실력의 기준을 압도적인 차원으로 높이기 위해 하지 말아야 할 99가지 이유보다 해야 할 단 한 가지 이유를 위해 사는 사람이 되어야 한다.

✒ 돈을 부르는 진짜 인생에는 반드시 '이것'이 존재한다

플러스 사고방식으로, 유일한 존재로 살아가는 사람들을 나는 '인텔리언'이라고 부른다. 인텔리적 삶을 사는 사람들에게는 99%의 일반인이 갖고 있지 않은 한 가지 특징이 있다. 자신의 업을 사랑할 수밖에 없는 특별하고도 명확한 한 줄의 이유를 갖고 있는 것이다. 인텔리언들이 업에 대해 가지는 특별한 가치적 이유를 '사명'이라고 한다.

자신의 업에서 사명이 부재되어 있으면 유일하고도 위대한 진짜가 될 수 없다. 사명이 없으면 나아가야 할 방향을 잃어 나 자신에 대한 끊임없는 의심과 불확실성이 당신을 괴롭힐 것이기 때문이다. 사명은 내가 가야할 길에 대한 믿음을 선명하게 밝힌다. 명확해진다는 것은 불확실성에 대한 두려움을 자신감으로 바꿀 수 있는 힘이 있다는 것을 뜻한다. 자기 자신에 대한 자신감은 곧 나 자신을 세상에 마음껏 드러내고 싶게 만든다. 나를 통해 많은 사람들의 삶에 특별한 가치를 전달할 수 있다는 확신이 있기 때문이다. 그렇다. **사명은 당신의 인생을 주목받게 하기 위한 가장 첫 번째 조건이다.**

　사명은 어떤 조건이 붙지 않더라도 변하지 않는 인생의 기준점과 같다. 현재 하는 일 안에서 반드시 내가 이 일을 해야 하는 이유, 즉 사명을 찾기 위해서는 반드시 현재의 보상들을 따로 떼어내고 난 후 질문해야 한다. 특히 '돈'을 멀리 떼어두고도 과연 이 일을 보상이 올 때까지 버텨낼 수 있는지 냉철할 정도로 솔직하게 자문해 보아야 한다. 그렇게 도출된 답이 당신을 유일한 진짜로 만들어 줄 최고의 업이기 때문이다. 만약 그렇지 않다는 답이 나온다면 당신에게 다시 이렇게 물을 수 있다.

당신은 그 일을 기뻐서 하고 있는가? 아쉬워서 하고 있는가? 만약 아쉬워서 하고 있다는 답이 나온다면 위대한 사업가였던 피니어스 테일러 바넘의 답을 인사이트 삼아보자.

> "사람은 타고난 천성과 자기 자신만의 독특한 천재성에 맞는 가장 적합한 직업을 선택하지 않는 한 성공하기 힘듭니다. 아무리 뛰어난 재주가 있어도 잘못된 선택은 그 능력이 발휘될 기회를 앗아갑니다. 어떤 사람이 성공할 수 있는 것은 자신이 가장 잘 할 수 있는 직업을 선택한 덕분이었습니다. 이미 불 속에 있는 사람은 불을 끄려는 노력보다 서둘러 그 불 속에서 빠져 나오는 것이 현명한 선택일 것입니다. 자기가 진정으로 있을 곳, 그곳을 찾는 일에 적극적으로 행동하십시오."
>
> - 피니어스 테일러 바넘,《부의 기본기》중

매 순간 기뻐서 할 수 있는 자신만의 일을 만나기 위해 사명을 찾는 일은 자수성가한 억만장자들 모두가 이행했던 훌륭한 인생의 과업이었다. 나에게도 사명이 있다. 나의 사명은 다음과 같다.

내가 가진 창의적 에너지로 나와 주변의 삶을 가장 빛나고 부유하게 만드는 존재가 된다.

99%의 그저 그런 사람들은 진짜가 되는 삶을 살지 못한다. 자신의 일을 해야 할 수밖에 없는 명확한 이유조차 찾지 못했기 때문이다. 반대로 지금이라도 반드시 그 일을 해야 하는 빛나는 한 줄의 이유를 찾아낸다면 진짜의 삶을 향해 우직하게 나아갈 수 있지 않을까?

진짜는 일에 대한 지식과 경험이 많은 전문가가 아니라, 실력은 기본이고 그 이상의 내면적 태도와 의미까지 갖춘 인격자를 말한다.

당신은 당신의 일을 얼마나 사랑하는가? 당신은 지금 하는 그 일을 얼마나 오래했는가? 10배 큰 부와 행운을 만나려면 먹고 살기 위해 일을 하는 것, 그 이상의 의미를 찾을 때까지 당신의 길을 우직하게 걸어가야만 한다. 그 길만이 '진짜'임을 증명할 수 있는 유일한 길일 테니 말이다.

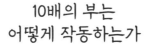

10배의 부는
어떻게 작동하는가

3

🖋 당신의 인생이 걸작으로 탄생하는 순간의 힘

●──────── **임계점** ────────●
액체와 기체의 상이 구분될 수 있는 최대의 온도 : 압력의 한계

살면서 가장 뿌듯했던 순간들이 몇 번 있다. 그 중 하나를 꼽자면 설악산 정상을 등반한 일이다. 사실 난 운동을 별로 좋아하지 않았다. (현재는 운동이 나의 필수 루틴 중 하나다.) 어렸을 적부터 달리기는 꼴지 담당이었고, 체육 시간에 테니스 공 하나도 제대로 받아치지 못해 매번 선생님께 혼나는 일이 비일비재했다. 그런

내가 설악산 정상을 밟았다는 것은 기적 같은 일이라고 할 수 있다. 대학 시절 겨울 방학을 활용해 다녀오느라 1월 한겨울에 눈 덮인 산을 오르는 건 엄청난 모험이었다.

이미 많은 눈이 내려 쌓여 있던 터라 미끄럼 방지를 위해 아이젠까지 끼고 오르는데도 험한 산길을 마주하는 건 결코 쉽지 않았다. 산에 오르는 동안 날씨와 상관없이 온 몸에 땀이 비 오듯 쏟아졌다. 한참을 올랐는데 주변에서 들려오는 소리는 이제 막 초입을 지났다는 말이었다. 절반은 왔겠노라고 예상한 것과 전혀 다른 답을 듣는 순간 다리가 풀리고 숨이 잘 쉬어지지 않았다. 포기하겠다고 말하고 싶었지만 '딱 5분만 더 가보자!' 하는 마음으로 계속 오르다보니 결국 설악산 중턱에 있는 울산바위를 만났다.

그때였던 것 같다. 나의 임계점이 넘어간 순간 말이다. 키보다 큰 울산 바위에 몸을 기대는 순간 뭔가 답답했던 가슴이 뻥 뚫리는 듯하면서 알 수 없는 기쁨의 에너지가 솟아오르기 시작했다. 울산바위에 다다르자 함께 오르던 동료들이 정상이 얼마 남지 않았다고 격려와 위로를 해 주었다. 울산바위를 만나는 순간까지 등산은 나에게 고통 그 자체였다. 하지만 어느 순간 임계점을 뛰어 넘고 나니 고통은 몰입으로 바뀌었다. 고통에서 몰입으로 바뀌는 순간, 등산이 재밌고 쉬워지기 시작했다. 몰입의 쾌

감은 땀을 흠뻑 흘리고 체력소모가 큰 상황에서도 지치는 것이 아니라 오히려 시원한 경쾌함을 선사해 주었다.

등반을 시작한 지 몇 시간이 지났을까? 결국 나는 절대 정상에 가지 못할 것이라는 나 자신의 한계를 극복하고 정상에서 최고로 맛있는 믹스 커피 한 잔의 맛을 느껴보았다. 임계점을 돌파하지 않았으면 느껴보지 못했을 달달한 커피의 맛은 내가 그 동안 먹어온 어떤 것보다도 맛있었다. 설악산 등반을 통해 느낀 행복감은 내 안의 또 다른 나를 돌파했던 기쁨의 추억으로 남아있다.

마라톤에서도 이와 같은 원리가 있다. '러너스 하이'가 그것이다. 일정한 강도로 지속해서 마라톤을 뛰다보면 지칠 대로 지쳤다가 어느 순간부터 머리가 맑아지고 상쾌한 기분이 드는 상태로 진입하게 된다. 그 지점이 바로 러너스 하이가 시작되는 구간이다. 러너스 하이를 느낀 사람들은 그때의 감정이 마치 하늘을 나는 느낌과 비슷하다고 할 정도로 행복한 몰입을 경험하게 된다.

만약 자신의 임계점을 돌파하는 러너스 하이의 감정을 부를 끌어오는 데 대입해 보면 어떨까?

당신은 때때로 마음 한켠으로는 많은 돈을 벌고 싶으면서도 다른 한편으로는 '내가 과연 더 많은 돈을 벌 수 있을까?'하는 자기 의심이 몰려올 것이다. 내가 설악산 초입에서 느꼈던 감정이 그러했듯, 당신도 아직 임계점을 돌파해 낼 만한 큰 부를 경험해 보지 못했다면 당연히 그런 생각이 들 것이다.

그런데 10배 큰 부와 행운을 불러오기 위해서는 그 순간이 가장 중요하다. 가 보지 않았거나 해 보지 않은 것을 상상할 때 인간은 낯섦과 불편함의 에너지를 본능적으로 높인다. 그렇기 때문에 그에 따른 저항감을 해소하려면 처음에는 암벽 등반을 할 때와 같은 높은 차원의 에너지 소모가 필요하다.

처음엔 힘들고 불편할 수 있지만 등반을 해 나가듯 꾸준히 돈에 대한 감정을 변화시켜 나가면 이내 큰 부를 이루기 위한 내 마음의 불편한 감정들은 사라지고 편안함과 안정감이 채워지게 될 것이다. 그때까지만 부에 대한 에너지 전환을 잘 해나가기만 하면 된다. 불편함 감정을 벗어나 '부의 러너스 하이'를 경험해 보기 위해서는 직접 시도해 보는 것이 가장 중요하다. 어떤 경험을 쌓아보면 좋을까?

아홉 번 실패해도 딱 한 번 성공하면 된다

나에게 상담을 요청하는 많은 사람들은 처음에 이렇게 묻는다.

"어떻게 하면 10배의 돈을 벌 수 있을까요?"

"무엇을 해야 제가 지금보다 돈을 더 많이 벌 수 있을까요?"

그럼 나는 이렇게 반문한다.

"혹시 제가 보증금을 지원해 드릴 테니 월세와 관리비를 내면서 돈을 버는 일을 경험해 볼 수 있다면 도전해 보시겠어요?

대부분의 사람들은 이 질문에 대해 어떤 반응을 보일까?

"제가요? 지금 제가 뭘 좋아하는지도 모르고, 돈을 벌어본 적도 없는데 월세를 감당할 수 있을까요?"

열에 아홉은 비슷한 반응을 보인다. 내 메시지가 해 보지 않은 것에 대한 막연한 도전처럼 느껴져 두렵고 불편한 마음이 먼저 드는 것이다.

하지만 모든 성공의 시작은 자기 믿음에서부터 시작된다. 스스로에 대한 확신이 없어 우유부단, 갈팡질팡하느라 고민만 하는 사람에게 10배의 부가 찾아올까? 나도 나 자신을 믿지 못하는데 돈이 스스로 찾아올 리가 있는가?

만약 누군가 나에게 똑같은 질문을 던진다면 나는 단 1초도 망설이지 않고, 도전할 것이다. 월세를 책임지라는 제안이 막연한 도전처럼 느껴지는 것이 아니라 엄청난 행운의 기회가 왔다고 믿을 것이다.

내가 이렇게 자신 있게 말할 수 있는 이유는 실제로 내가 그 행운의 주인공이기 때문이다.

8년 전, 장소도 없이 떠돌이 독서모임을 운영하던 시절이었다. 비가 오나 눈이 오나 핑계대지 않고 꾸준히 독서모임을 해내기 위해 모든 열정을 매 주 쏟아 부었다. 장소 섭외, 함께 독서모임 할 사람들에게 안내하기 위한 광고 및 홍보, 강의 준비, 독서토론 매뉴얼 준비 등 어느 하나 쉬운 것이 없었지만, 내가 할 수 있는 모든 열정과 정성을 다했다. 그랬더니 그 모습을 몇 개월 간 꾸준히 지켜보던 한 분께서 장소를 구할 수 있는 보증금을 투자해 주셨다. 그리고 그 이후 자본금이 전무한 상황에서 오직 내 실력을 키워 월세를 감당해 냈다. 그렇게 시작된 독서모임을 현재 9년째 지속하고 있다.

세계적 기업인이자 미국 프로 농구 NBA 댈러스 매버릭스의 구단주인 마크 큐번은 성공은 "딱 한번이면 된다."라고 말한다. 무슨 뜻일까? 어차피 모든 사람은 성공으로 가기 위해 반드시 실패라는 경험을 지나야 한다. 마크 큐번이 말한대로 99% 실패하더라도 임계점을 넘을 때까지 시도하여 딱 한 번만 성공하면 모든 실패를 만회할 수 있다는 뜻이다.

인생에서 10배의 부를 만난 주인공이 되고 싶다면 당신은 성공으로 향하는 에너지를 내면에 체화시켜야 한다. 모든 부는 무형 에너지를 기반으로 전이된다. 부의 에너지 전력률이 높은 사람은 행운의 기회를 기가 막히게 잘 잡아낸다. 이미 그들의 에너지는 임계점을 뛰어 넘은 상태이기 때문이다. 스스로의 인생을 책임질 준비를 마친 상태, 자기 자신에 대한 확신이 넘쳐서 다른 사람의 호감을 단번에 살 수 있는 상태로 진입해, 성공과 부의 러너스 하이를 마음껏 즐기는 사람이 될 준비가 된 사람들에게 모든 부의 기회가 고스란히 이전된다.

행운은 덧셈이 아니다. 곱셈이다. 당신의 에너지 임계점을 높이면 높일수록 행운도 배가될 것이다. 10배의 부는 에너지의 최상화, 즉 러너스 하이의 상태로 진입할 때 작동하기 시작한다. 돈 버는 방법을 찾는 대신 당신 내면의 에너지부터 제대로 이해하고 소화시키기 위해 부의 러너스 하이 스위치를 켜야 한다.

당장 시작해야 할
비.상.식. 프로젝트

4

✒ 한 남자가 만든 기적의 변화

7시간 27분 24초, 드디어 흰색 완주선을 통과했다. 작년보다 31분이나 앞당겨진 기록이다. 무려 7시간 동안 달려 완주한 거리는 총 81.5km이다. 인간의 한계를 뛰어 넘은 도전의 훈장으로 얻은 것은 발톱 세 개가 빠진 발이다. 하지만 그는 행복했다. 혼자가 아니라 같은 꿈을 이루기 위해 함께 뛰어주는 사람들이 있었기 때문이다. 그가 이토록 발톱까지 빠져가며 인간의 한계를 뛰어 넘는 거리를 완주한 목적은 무엇일까?

"세상에서 가장 행복한 날이 언제인가요?"라는 물음에 1초도 망설이지 않고 "결혼식 당일 날이요."라고 말하는 한 남자는 결혼식 다음 날부터 곧장 작은 도전을 시작했다. 맨 처음 도전은 아내와 함께 1년간 매일 하루 1만원씩 모아 기부를 하는 것이었다. 1년간 모아진 365만 원으로 그는 노숙자들에게 따뜻한 식사를 제공했다.

그 다음 해부터는 필리핀 같은 저소득 국가 어린이 한 명에게 매 달 3만 5천 원씩 후원해 주기 시작했다. 그는 아내와 둘만의 힘으로는 충분치 않다는 것을 깨달았다. 자신과 후원을 함께할 사람들을 10배 더 많이 모아보기로 했다. 그는 사람들의 주목을 끌기 위해 자신의 비전이 담긴 메시지를 전하는 챌린지를 시작했다. 이렇게 작은 도전으로 시작된 기부금은 눈덩이처럼 불어나 어느새 58억이 되었다.

그는 한 인터뷰에서 이렇게 말했다.

"작은 게 계속 반복되면 엄청 대단한 일을 만들어 낼 수 있는 걸 알 수 있습니다. 0.1cm 종이가 있다고 가정해 볼게요. 그 종이를 30번 계속 접으면 얼마만큼의 두께가 될까요? 정확히 1,073km(0.1×2^{30})가 됩니다. 작은 것을 계속 반복해서 하다보면 결국 세상이 변합니다."

2024년 12월에는 경기도 용인시에 218억 규모의 국내 최초 루게릭 요양병원이 완공될 예정이다. 그 건물이 지어지게 된 계기는 14년 전 루게릭병을 앓고 있는 한 농구코치와의 인연으로 생긴 원대한 꿈이었다. 그의 마음속에 그 코치를 위한 작은 도전을 시작해야겠다는 씨앗이 심긴 것이다.

그때 시작한 작은 도전이 '아이스 버킷 챌린지'다. 그의 첫 챌린지를 시작으로 아이스 버킷 챌린지는 SNS를 타고 세계적 챌린지가 되었다. 뿐만 아니다. 그는 늘 아름다운 기부를 위한 도전을 멈추지 않았다. '기부 마라톤' 캠페인을 꾸준히 하면서 자신과 함께 뛰는 사람들이 자발적으로 기부를 할 수 있는 기부 시스템을 만들었다. 작은 도전으로 시작된 기부금은 눈덩이처럼 불어나 순식간에 200억이 넘었다.

그의 시작은 1만 원이었다. 하지만 그 작은 도전은 계속해서 세상을 바꿔 나가는 중이다. 무려 14년간 지속된 기부 캠페인과 기부 챌린지 실행은 비상식적이고 위대한 결과를 만들어냈다.

결혼날 다음 날부터 지금까지 비상식적인 결과를 이뤄 가고 있는 그의 이름은 가수 '션'이다.

"한 사람의 꿈으로 시작된 도전은 어느새 '우리의 꿈'이 되었습니다. 앞으로도 더 많은 도전을 이어가고 싶습니다."

그가 만들어 낸 것은 단순히 200억이 넘는 기부금뿐만이 아니다. 한 사람의 영향력이 얼마나 커질 수 있는지, 그 영향력으로 세상을 혁신하는 것이 무한히 가능한 일이라는 것을 증명해내고 있다.

우린 때로 '내가 뭐라고….' 라는 생각에 갇혀 작은 도전을 시작하는 것을 망설인다. 나도 그랬다. 심지어 나는 남들 앞에 드러내는 것 자체도 부담스러워 했던 사람이다.

하지만 나는 지금 쓰고 있는 이 책을 통해 얼마나 많은 사람들의 생각과 삶을 바꿀 수 있는지 상상해 볼 때 예측 불가의 영향력이 생긴다는 것을 안다. 세상엔 말도 안 되는 작은 도전이 비상식적인 결과를 만들어 내는 일이 비일비재하다. 당신은 '나비효과'의 의미를 알고 있을 것이다. 당신이 나비효과를 만들어 낼 수 있는 주인공이 된다면 어떤 작은 도전을 시작하고 싶은가? 그 도전은 어떤 사람들을 변화시킬 것 같은가? 어떤 결과를 만들어 낼 것 같은가?

션이 아이스 버킷 챌린지로 국내 최초 루게릭 요양병원을 설립하고, 기부 마라톤으로 국가 유공자 분들의 집을 지어 드리듯, 당신도 지금 당장 작은 도전을 시작할 수 있다. 그러나 그 결과는 결코 작지 않을 것이다. 그래서 나는 당신에게 지금 당장 상식에서 벗어나 10배 더 비상식적으로 보이는 비.상.식. 프로젝트를 시작하라고 권하고 싶다. 비상식적으로 비상하는 모습을 당신으로 하여금 보고 싶다.

🖋 10배 더 위대한 영향력의 시작! 비.상.식. 프로젝트

비. 상. 식. 프로젝트 1단계 : 당신 마음 속 고정 마인드셋 '비움'

이제 당신 차례가 되었다. 당신이 이루고 싶은 꿈을 비상식적으로 현실화시킬 수 있는 절호의 찬스다. 그런데 그 전에 먼저 해야 할 일이 있다. 당신은 비상식 프로젝트를 성공시키기 위해 스스로와 싸워 이겨야 한다. 무엇과 싸워야 하냐고? 당신의 마음 속 깊이 이식된, 자아의 위대함을 평가 절하하고 억압하는 그것, 나 자신이 가진 무한한 능력을 제한하는 그것, 소극적이고 수동적으로 행동하게 만드는 클루지들과 싸워 이겨야 한다. 그리하여 비.상.식. 프로젝트의 첫 번째 미션은 '비움'이다.

뚱뚱한 애벌레는 나비가 되지 못한다. 날개에 커다란 무게 추를 달고 있는 독수리 역시 날지 못한다. 당신의 창대한 비상을 가로막는 오래되고 묵은 고정 마인드셋 프로그래밍으로부터 자유로워져야 한다. 역설적이게도, 비우기 위해서는 새로이 채워져야 한다. 무엇이 채워져야 할까?

유리컵에 흙탕물이 담겼다고 상상해보자. 그 흙탕물을 정화시키는 유일한 방법은 맑은 물을 계속해서 새로이 채워 넣는 것이다. 당신의 고정 마인드셋을 정화시켜 줄 최고의 비결은 '자화자찬' 습관에 있다. 당신은 스스로를 자화자찬해 준 적이 언제인가? 아니 있긴 할까? 우리는 태어날 때부터 긍정어보다 '부정어'를 약 9배 더 많이 듣고 자란다. 한 마디로 당신의 마음은 부정인식 90%, 긍정인식 10%로 이루어져 있다. 매 순간 어떤 프레임으로 당신 스스로를 바라보고 있는지 알 수 있는 지표다. 현실을 바꾸는 도전을 이행하고 싶다면 이제부터라도 마음을 정화시키는 '비움' 프로젝트를 시작해야 한다.

방법은 간단하다. 매일 아침, 저녁으로 나 자신을 향해 긍정의 '자화자찬'을 3가지씩 말해 주면 된다. 단 3일만 실천해도 자화자찬하지 않으면 어색해지기 시작할 것이다. 10배 비상식적 성공을 이루고 싶다면 가장 먼저 내 안에 한가득 고인 흙탕물, 고정 마인드셋을 비우고 나 자신에 대한 칭찬에 적극적인 존재가 되어라.

비. 상. 식. 프로젝트 2단계 : 당신이라는 존재를 10배 크게 '상승'시켜라

같은 치킨도 시장에서 팔면 시장 치킨이 되고, 브랜드 치킨집에서 팔면 브랜드 치킨이 된다. 당신은 사람들에게 어떻게 보여지길 원하는가? 무엇보다 내실 있는 포장 능력이 중요해진 세상이다. 보이는 것이 어쩌면 전부일 수 있다. 인지 부조화 효과에 의해 당신을 해석한 관점 그대로 바라보기 시작할 것이기 때문이다. 당신을 보이는 대로, 느껴지는 대로 바라보게 만드는 힘이 바로 '브랜딩'이다.

'나'라는 존재가 가장 가치 있는 최상급으로 보여지기 위해 당신의 격을 10배 높게 '상승'시켜야 한다. 브랜딩을 해야 한다고 해서 오해하지 말길 바란다. 브랜딩은 '내가 진짜'라는 사실을 더 적극적으로 알리기 위함이다. 그러니 최상의 브랜딩을 통해 알려지기 전에 당신은 이미 진짜여야만 한다. 나 자신을 너무 믿은 나머지 브랜딩을 하지 않으면 다른 사람들에게는 일반 사람과 별반 다르지 않은 평범한 존재로 각인될 것이다. 평범한 사람에게는 10배의 부를 끌어당길 매력이 느껴지지 않는다. 그러니 10배의 부를 창출하는 존재가 되기 위해 어떤 브랜딩 효과를 만들어내고 싶은지 떠올려보라. 핵심은 사람들의 주목을 이끌기 위한 브랜딩이어야 한다는 것이다. 주목받지 못하면 나비효과도 만들어 낼 수 없다. 아직 어떻게 브랜딩을 해야 할지 모르겠다면 이 책을 꼭 끝까지 읽고 적용해 보라. 10배 브랜딩 효과를 누릴 수 있을 것이다.

비. 상. 식. 프로젝트 3단계 : 당신의 '식견'을 10배 더 많이 노출시켜라

사람은 누구나 자신만의 원칙을 갖고 있다. 눈으로 보이지 않을 뿐 자신이 가진 중심 신념으로부터 나온 원칙을 통해 인생을 만들어 간다. 이 원칙들이 쌓여 세상을 바라보고 이해하는 능력, 즉 '식견'이 생긴다. 식견을 통해 자신만의 성공루트를 만들어 가는 과정을 공유하는 것이야말로 많은 사람들에게 위대한 영향력을 펼칠 수 있게 된다. 그러나 많은 사람들이 자신만의 고유한 식견을 알리지 않아 각양 각색의 성공 스토리들이 알려지지 않은 채 과거에 묻힌다. 이제 당신의 식견을 10배 더 많이 알리고 노출시켜라. 이렇게 해서 많은 사람들에게 길잡이가 된 사람들이 얼마나 많은가?

어떤 이야기든 좋다. 자신의 성공 스토리를 쌓아가기 위해서라도 존재를 확실하게 어필하기 위한 '식견'을 10배 더 피력하라. 속도와 빈도를 높여 나만의 과정을 쌓아나가는 존재가 되어라. 그래야만 당신의 이름을 알 수 있는 사람들이 점차 많아질 것이다. 하루 빨리 유명해지고 싶다면 10배 더 많이 양을 늘려라. 질은 그 다음이다. 인간의 두뇌가 '반복'에 취약하다는 것을 알고 있다면 생각할 시간에 즉시 행동부터 하라.

부의 이전이 빠르게 진행되는 지금 이 순간, 당신이 기억해야 할 단 한 가지는 당장 비. 상. 식. 프로젝트를 시작하여 더 많이 주목받고 유명해져야 한다는 사실이다. 기부왕 선도 1만 원의 현금과 아이스 버킷 챌린지로 시작했다는 것을 기억해 보라. 당신은 무엇으로 10배의 부를 몰고 올 주인공의 신화를 만들어 갈 것인가?

Chapter.2

10배의 부와 행운이
몰려오는 사람들의
5가지 비밀

1단계

10배 큰 부를 이루는 출발점
〈10배 마인드 씽킹〉

10배 부자로 사는
단 한 가지 방법

1

✒ 사는 대로 생각하게 되면 일어나는 일

그날 유난히 피곤했던 기억이 난다. 유아교사로 재직하던 시절 지방에 있는 대형 유치원에서 전국 유아교사 세미나가 잡혔다. 오랜만에 잡힌 지방 세미나로 주말도 반납하고 이른 아침 버스까지 대절해 20여 명 남짓한 교사 모두가 세미나행을 떠나야 했다.

네 살 아들이 있던 나는 남편에게 아들을 맡기고 와야 했다. 매 주 유치원 업무가 많다 보니 평일에도 함께 있어주지 못하는 엄마인데 주말까지 아이와 있어주지 못하는 미안한 마음에 세미나에 대한 기대감보다는 죄책감에 물드는 속도가 더 빨랐다.

세미나 전날 밤, 엄마랑 떨어져야 한다는 것을 직감이라도 한 듯 아들은 깊은 잠을 못 자고 수십 번을 뒤척거리며 짜증내듯 울었다. 아들의 컨디션이 좋지 않다는 걸 알면서도 아침 일찍 세미나로 먼 길을 떠나야 한다는 생각에 뒤숭숭한 마음을 달래며 밤을 지새웠다.

'내 인생은 왜 이렇게 빈틈없이 바쁘고 힘들기만 할까…'

꼬인 생각을 할 때마다 무의식적으로 흐르는 한숨은 어느새 습관이 되어 버린 듯했다.

세미나가 마무리되자 어느덧 어스름한 저녁이 되었다. 전날 밤 밤새 뒤척거린 아이가 마음에 걸려 저녁도 마다한 채 버스에 앉아 남편에게 전화를 걸었다. '아빠와의 하루가 즐거웠을까?' 사실 그런 기대감보다는 아이가 잘 있다는 말을 듣고 안도감을 갖고 싶었다.

꽤 오랜 시간 스마트폰 벨이 울렸지만 남편은 전화를 받지 않았다. 몇 분이 흘렀을까? 드디어 남편으로부터 전화벨이 울렸다.

"여보세요."

직감은 이런 데서 느껴지는 걸까? 남편의 전화를 받고 갑자기 손이 떨리고 심장이 쿵쾅거리기 시작했다.

"여보, 시후가 이상해. 오늘 계속 열이 나서 해열제를 먹였는데 갑자기 일어나질 못하네."

아이가 하루 종일 고열에 시달렸다고 하니 버스의 속력이 느림보 거북이처럼 느껴졌다. 당장이라도 분신술을 써서 아들이 있는 집으로 향하고 싶었다.

"해열제 먹였는데도 그래요? 그럼 얼른 병원을 데려가야지요."

지구 한 바퀴라도 도는 것처럼 시간이 더디게 흘렀다. 겨우 유치원에 도착해 택시를 타고 집으로 향했다. 신발을 벗어던질 틈도 없이 고열로 얼굴이 벌겋게 달아오른 아들을 부둥켜안고 응급실로 향했다.

'몇 시간이 흘렀을까?'

"큰 병원으로 가보셔야 할 것 같습니다. 저희 병원에서는 검사가 조금 어렵겠네요. 확진은 아니지만 추측해 본다면 아이가 길랑바레 증후군인 것 같습니다."

처음 들어본 병명에 놀랄 틈도 없이 의사선생님은 시간이 없으니 빨리 큰 병원으로 옮기라고 했다. 대형병원에서 다시 재검한 결과 아들의 고열 원인은 길랑바레 증후군이 맞았다.

단순 감기인 줄 알았는데, 누군가 주먹으로 머리를 세게 강타한 것만 같다. 하지만 그것은 예고편에 불과했다. 더 큰 바위 같은 충격이 기다리고 있었다.

"만약 면역 글로불린이 몸에서 면역반응을 일으키지 않으면 아드님은 2주 안에 사망할 수도 있습니다."

때로는 인생 최악의 고통이 예고 없이 불쑥 찾아온다. 그러나 그 충격점에서 어디로 튕겨나갈지 선택하는 것은 온전히 자신의 몫이다.

숨도 잘 쉬어지지 않는 괴로운 통증이 심장을 짓누르기 시작했다. 그때 깨달았다. 몸이 힘든 것도, 돈이 없는 것도, 운이 나쁜 것도 일시적으로 힘든 것일 뿐, 진짜 고통은 인생에서 다시 되돌릴 수 없는 것들을 손에서 떠나보내야 할지도 모른다는 불안에서 시작된다는 것을 말이다.

🖋 10배 큰 부의 인생으로 바꿔 준 한 단어

그렇게 2주가 흘렀다. 기적적으로 아이가 되살아나 다시 안방에 누워 평온한 잠을 자고 있다. 폭풍 같은 2주가 지나고 다시 평온함이 찾아왔다.

두 번 다시 아이의 건강을 잃게 하고 싶지 않아서 한약을 한 재 지어 먹이기로 했다. 아들의 맥을 짚어 보신 원장님께서 나에게 던진 질문을 평생 잊을 수 없다.

"엄마, 일 다니시나요?"

"네…, 맞아요."

"아들이 애착불안 때문에 스트레스가 많네요. 스트레스 병이에요."

가뜩이나 일 다니느라 함께 해 주지 못한 미안함과 죄책감에 화르르 불을 붙여주신 원장님 말씀에 정신이 번쩍 뜨였다.

"아들의 병을 키운 사람이 나였구나. 사는 대로 생각하게 된다더니 유아교육과 졸업해서 유아교사로 살면서 원장이 되고, 유치원을 차려야 내 인생이 성공이라고 생각했던 내 작은 생각 때문이었구나…."

인생 최악의 고통을 맞닥뜨리고 나서야 비로소 내가 생각한 성공의 법칙과 상식이 진실이 아닐 수도 있다는 깨달음에 다다랐다. 내가 생각했던 성공의 길은 그냥 '생각당하며' 살아온 인생의 한 부분일 것이라는 것을 처절하게 인정할 수밖에 없었다.

번개처럼 깨달음이 찾아온 그날, 굴러다니던 노트를 펼쳐 이렇게 끄적였다.

인. 생. 부. 자.

인생을 사는 동안 생각이 깨어있어야 부유하고 자유

로운 삶을 살 수 있다.

그날,

인.생.부.자.라는 문장이 내 삶을 통째로 바꾸었다.

노트에 끄적인 글귀를 따라 새로운 출구의 빛이 열렸다.

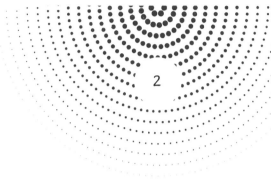

내 인생의 함정 카드를
관리하라

2

"의식하지 못한 무의식은 그 사람의 운명이 될 수 있다."

- 칼 구스타브 융

같은 현실, 다른 생각이 만든 10배 차이

성공으로 가는 길에는 반드시 명확한 이정표가 있어야 한다. 그렇지 않으면 단 몇 초만에도 길을 잃게 되는 것이 인간의 약점이다. 지금 잠시 눈을 감고 딱 3분만 마음의 소리에 집중해보자. 얼마나 많은 소음들이 나의 내면에서 아우성 중인지 알 수 있을 것이다. 이정표를 바라보지 않으면 인간은 언제나 내면의 소리에 지게 되어 있다.

하루에도 급한 일들이 얼마나 많은가! '오늘 일정은 뭐가 있지?', '누구와 밥을 함께 먹지?', '집 청소는 언제 하지?' 미처 해답을 내리기도 전에 새로운 급한 일들이 마구 떠오른다. 보이지도 않는 이정표를 매일 바라봐야 하는 것은 또 얼마나 어렵고 귀찮은 일이던가?

'당신은 건강이라는 이정표를 위해 매 끼니 건강한 식단과 운동을 해야 한다는 것을 알지만 귀찮다.'

'돈 버는 능력을 키우기 위해서는 자기 자신에게 돈과 시간을 투자해야 한다는 것을 알지만 바빠서 왠지 힘들 것 같고, 나에게 돈을 투자하는 것이 아깝다는 생각이 들어 멈칫한다.'

지금 이 책을 읽는 순간에도 당신의 내면에서는 책 읽기보다 쉬운 스마트폰을 켜라고, 책이 아닌 더 쉬운 것에 집중하라고 명령을 내리고 있을 것이다. 이것이 우리가 매 순간 성공으로 향하는 길을 놓치는 이유다. 나는 이런 성공의 방해요소를 인생의 '함정카드'라고 부른다.

성공으로 가는 길에는 필연적으로 함정카드가 놓여있다. 이 함정카드들을 미리 발견하고 제거하지 않으면 우리는 매 순간 함정카드에 빠진 채 허우적거리느라 길을 잃고 타이밍도 놓칠 것이다.

함정카드는 어떻게 제거할 수 있을까? 먼저 당신의 내면 상태가 어떤 프로세스로 만들어지는지 알아야 한다. 예를 하나 들어보자.

대기업 차장급이던 두 사람이 있다. 두 사람은 잘 다니고 있던 직장에서 어제 갑자기 해고통지를 받았다. A차장은 5년쯤 잘 버티다 퇴사하려 했지만 날벼락 같은 소식에 아무 생각이 들지 않는다.

'내가 얼마나 열심히 일했는데 왜 하필 나야?'

갑자기 세상이 미워지고 원망의 마음이 움트기 시작한다. 뭔가 잘릴 만한 사유가 있었는지 곱씹어 보지만, 도저히 원인이 떠오르지 않는다. 그저 나를 이런 상태에 놓이게 한 모든 상황들이 짜증날 뿐이다.

반면 B차장은 해고 통지를 받자마자 기분이 묘했다. 누군가 내 마음을 훔쳐보기라도 한 듯 비밀을 들킨 기분이 들었기 때문이다. 사실 B차장은 며칠 전 더 좋은 직장에서 스카웃 제의를 받은 상태였지만 고민 중이었다. 회사를 옮기는 것이 맞는지 아직 확신 단계에 이르지 못했기 때문이다. 중요한 것은 B차장은 더 좋은 상황으로 계속해서 업그레이드 해야겠다는 생각을 했었고, 업무 능력을 지켜봐오던 경쟁 회사에서 먼저 스카웃 제의가 들어왔다는 사실이다.

A차장과 B차장은 분명 같은 상황을 맞이했다. 하지만 한 사람에게는 불행의 씨앗이 되었고, 한 사람에게는 행운의 씨앗이 되었다. 어떤 차이가 있었던 걸까?

✒️ 행운과 불행을 가르는 가장 강력한 성공 에너지

이 둘 사이에는 가장 큰 차이점이 있다. 그것은 바로 인간이 가진 가장 강력한 성공 에너지 중 하나인 '상상력'을 다르게 활용했다는 것이다. 한 사람은 5년 후 퇴직하는 상상을 했고, 한 사람은 더 좋은 상황으로 업그레이드 해야겠다는 상상을 했다. 두 사람 모두 상상력을 활용해 같은 결과를 맞이했지만 상상력의 동기를 불러일으키는 밑그림이 달랐다. 이것이 그들의 가장 큰 차이점이었다.

상상력 안에는 함정카드의 프로세스 비밀이 담겨있다. 상상력은 어떻게 활용하느냐에 따라 10배 큰 부와 성공을 가져다 줄 수도 있는 반면, 10배 더 빠르게 실패와 가난의 늪으로 당신을 이끌어 갈 수도 있다.

왜 어떤 사람은 날이 갈수록 10배 더 큰 부를 이루는 반면, 어떤 사람은 날이 갈수록 우울과 불안, 초조함으로 뒤덮인 가난의 굴레를 벗어나지 못할까? 그것은 자신의 함정카드를 관리하지 못했기 때문이다. 상상력이 무기가 될지, 폭탄일 될지는 오롯이 내 마음 안에 달렸다. 우리가 무의식, 즉 잠재의식이라고 부르는 곳 말이다. 잠재의식에 새겨진 모든 상상은 10배, 100배 아니 1,000배까지 영향력이 증가한다. 그것에 대한 과학적 이론은 이렇다.

우리 몸에는 무의식과 의식에 직접적인 명령을 하는 관제 센터가 있다. 우리 몸 최상단에 위치한 '두뇌'가 바로 그 주인공이다. 당신의 두뇌는 이 세상 어떤 최고급 성능의 AI보다도 더 빠르게 당신이 원하는 인생으로 도달하게 해 줄 성공 GPS를 탑재하고 있다. 약 140억 개의 뉴런, 즉, 신경세포가 장착되어 있고, 뉴런이 서로 얽히고설켜 무의식에 명령 회로를 만들어 낸다. 지금 이 순간에도 두뇌에는 1초에 4억 비트가 넘는 방대한 양의 정보를 처리 중이다. 하지만 우리가 어떤 정보에 스위치를 켜느냐에 따라 정보의 99.999%는 버려지고, 2,000비트만이 5%의 의식 안으로 들어오게 된다.

수많은 뉴런 중 당신의 척수를 타고 올라오는 감각적 정보들 가운데 필요 정보들을 선별해 대뇌피질로 보내는 뉴런 신경망이 있다. 이 신경망의 모양을 흡사 그물이 퍼진 모습과 많이 닮았다고 해서 '그물구성체' 라고도 불린다. '망상 활성계'의 다른 이름이다. 망상 활성계는 두뇌 안에서 때론 마법을 부리기도 하고, 때론 심술을 부리기도 한다. 활용법을 배우지 못한 자에게는 심술을, 활용법을 잘 알고 있는 자에게는 엄청난 행운을 선물한다. 아직 당신이 망상 활성계를 다루는 법을 배우지 못했다면 재빨리 행운 버튼을 켜야 한다.

만약 당신의 마음이 액자라면 당신은 어떤 그림으로 채워 넣고 싶은가? 오늘 아침 눈 뜨자마자 어떤 생각이 떠올랐는가? 내 인생을 순식간에 무너뜨릴 수 있는 함정카드는 반드시 관리해야 한다. 매일 당신의 마음 액자에 원하는 미래를 상상하여 걸어보자. 더 자주, 더 오랫동안 액자의 밑그림을 선명하게 그려낼수록 당신은 누구보다 더 빨리 10배 큰 부를 누리는 주인공이 될 수 있다. 내 인생의 함정카드를 잘 관리해 낸 덕분에 빠르게 보상을 받는 것이다. 함정카드를 매일 관리하고 상상력을 통해 마음의 액자에 선명한 꿈을 그려나가는 것, 그것이 10배의 부를 이루는 인생으로 향하는 가장 명확한 이정표다.

당신에게 10배 큰 부와 행운을 선물해 줄 내 안에 숨겨진 초호화 액자에 그려 넣을 그림은 어떤 모습인가? 만약 아직 상상력으로 인한 기적을 경험해 보지 못했다면 망상 활성계가 고약한 심술을 부려 함정에 빠뜨리기 전에 행운을 불러 일으켜 주는 방법을 담은 책들을 읽고 써먹어보자. 잠재의식에 있는 상상력을 무기로 활용할 수만 있다면 당신의 현실과 미래는 무한대로 바뀔 마법의 지니를 불러낼 수 있는 램프의 주인으로 살아갈 것이다.

〈당신에게 행운을 불러일으켜 주는 방법을 담은 책들〉

- 에밀 쿠에, 《자기암시》
- 조셉 머피, 《부의 초월자》
- 이서윤, 《해빙》
- 랄프 왈도 에머슨, 《자기 신뢰》
- 제임스 앨런, 《스스로 창조한 나》

자유를 얻고 싶다면
요구하라

3

✒ 말은 언제나 의지보다 힘이 세다

책을 집필하는 동안 온전한 몰입을 위해 연구소 대신 카페로 가곤 했다. 카페에 갈 때 내가 꼭 챙겨가는 준비물이 있다. 바로 이어폰이다. 나는 한 가지 일에 몰두하다 보면 주변 환경이나 들리는 말에 잘 신경 쓰지 않는 편이다. 그런데 어느 순간부터 글을 쓰러 카페에 갈 때마다 다양한 불평과 불만, 온갖 부정적인 말들이 귀에 들어오기 시작했다. 처음에는 별로 신경 쓰지 않으려 했지만, 오히려 관심을 끄기 위해 노력할수록 불평의 소리들이 점점 더욱 크고 자세하게 들리는 것이 아닌가? 그때부터 사람들은 어떤 이유 때문에 불평과 불만이 나오는지 궁금해지기 시

74

작했다.

"난 돈 걱정하는 게 정말 지긋지긋 하다니까!"

"남편(아내) 때문에 사는 게 정말 힘들어!"

"아이고, 내 팔자야! 내가 전생에 무슨 잘못을 그렇게 했다고 이런 힘든 일만 생기는 거야!"

"또 세금 폭탄을 맞았어. 정말 짜증만 난다니까!"

"이번 달 돈 들어 갈 곳은 왜 이렇게 많은지, 벌지도 못하는데 나가는 건 너무 많아!"

저녁 회식자리나 식당에 가보면 좀 달라질까? 내가 관찰한 바에 의하면 가족과 즐겁게 식사를 하는 분들도 있지만 대부분 회사 상사에 대한 불만, 아내나 남편에 대한 불만, 세상에 대한 원망, 온갖 부정적인 말들을 쏟기 위해 외식을 하는 사람들이 더 많았다.

뿐만 아니다. TV나 유튜브는 어떤가? 좀 더 자극적이게, 좀 더 비판적이고 부정적이게 보여야 조회수가 올라가고, 사람들은 호기심을 못 이긴 채 클릭하고 분노한다. 뉴스에서 희망적인 내용과 사건, 사고가 전달되는 비율이 매우 희소하거나 극소수 사례인 것만 봐도 인간이 얼마나 불평, 불만에 취약한 존재인지, 얼마나 즉시 분노의 감정을 이끌어 낼 수 있는지 알 수 있다. 오죽하면 옥스퍼드 대학원 박사이자 세계적 베스트셀러 저자이기도 한 유발 하라리는 인간의 특징이 '뒷담화'라고 했을까.

물론 사람은 말을 함으로써 스트레스를 풀기도 한다. 하지만 이런 불평과 불만들이 자신의 인생에 얼마나 큰 족쇄가 되어 현재 상황을 계속해서 악화시키는지는 알아채지 못하는 듯하다. 말은 그 자체로 에너지를 파생시킨다. 그렇게 파생된 에너지는 어디로 모일까? 안타깝게도 말하는 사람의 내면에 쌓인다. 즉, 말하는 내내 스스로에게 자기암시 버튼을 눌러 말하는 대로 살게 되도록 강화하고 있다는 뜻이다.

사람들이 둘, 셋 이상 모이는 장소에 가보라. 얼마나 많은 사람들이 고민을 털어놓는다고 하면서 불평 속에서 자신의 인생이 부정강화 되도록 암시하고 있는지 알 수 있을 것이다.

✒ 오늘도, 내일도 매일 원하지 않는 삶을 끌어당기는 이유

아마 당신도 일이 뜻대로 풀리지 않거나 예상과 다른 변수의 상황이 생긴다면, 쉽게 불평을 늘어놓을 것이다. 대부분의 사람들은 자각조차도 못한 채 이런 말을 아무렇지도 않게 내뱉으며 일상을 채운다. 불평을 이야기하고 나면 일이 다 해결되는 것도 아닌데 대체 왜 우리는 불평에 더 익숙한 것일까? 몇 가지 그럴만한 이유가 있다.

첫째, 불평과 불만을 말하다보면 마음이 편안해지거나 기분이 좋아지기 때문이다. '임금님 귀는 당나귀 귀' 이야기를 아는가? 사람은 하고 싶은 말을 하지 않으면 속앓이를 한다. 그렇기 때문에 자신의 분노나 화가 나는 감정을 이해하고 현명한 방법으로 풀어내지 못하는 사람들은 불평을 통해 자신의 감정을 다른 사람에게 쏟아내기 바쁘다. 서로에게 좋지 않은 기운을 퍼뜨린다는 것을 알면서도 자기 분노를 이기지 못하고 감정을 마구 입 밖으로 쏟아내는 것이다. 불평과 불만을 쏟아내면 일시적으로 답답했던 마음이 풀리면서 편안해지는 효과가 있다. 하지만 이런 감정은 결코 오래가지 못한다는 것이 함정이다. 시간이 지날수록 오히려 기분이 나빠지고 후회감이 밀려올 뿐이라는 것을 알아야 한다.

둘째, 내 탓, 내 책임이라고 인정하고 싶지 않은 것이다.

사람은 모두 자기합리화의 달인이다. 자신이 바라보는 프레임대로 해석할 수 있어야 감정적으로 불안하지 않게 살아갈 수 있기 때문이다. 어떤 특정 상황이 펼쳐지면 그때부터 나만의 해석을 펼치게 된다. 여기서 두 가지 선택길이 펼쳐진다. 하나는 내 탓, 다른 하나는 남 탓으로 얼마든지 해석이 가능해지는 것이다. 10배 빠르게 부를 잃어버리는 사람들은 잘한 일은 내 탓, 잘못 된 일은 남 탓으로 규정할 때가 많지만, 10배 크게 부를 쌓는 사람들은 그것과 정반대의 해석을 하곤 한다. 나는 평소에 어떤 해석을 많이 하는 편인가?

셋째, 이런 불만들을 내뱉음으로 미래에 대한 두려움과 불안함에서 벗어나고 싶은 것이다. 인간의 본능은 미래에 대한 불안을 느끼는 것에 익숙하다. 진화 과정에서 생존하기 위해 생긴 안전 욕구가 불안과 두려움을 느끼며 생존해내도록 발달했기 때문이다. 불안과 두려움을 이겨내고 희망을 바라며 살기 위해서는 자기 자신에 대한 믿음이 커야 하는데, 보통의 사람들은 나 자신에 대한 믿음보다 불안을 느끼며 사는 것이 훨씬 익숙하다. 그렇기 때문에 두려움과 불안함을 느낄 때마다 불평, 불만을 통해 현재의 삶을 벗어나려고 애쓰는 역설적 인생을 살아가고 있는 것이다.

아마 이 글을 읽으며 당신은 이렇게 생각했을지도 모르겠다.

'나도 불평하지 말아야 한다는 건 다 알지! 뭐 더 새로운 답 없나?'

하지만 '안다'와 '알고만 있다.' 사이에는 넘을 수 없는 벽이 존재한다. 진정으로 아는 것은 실행에 옮겨졌을 때만 가능한 것이다. 당신은 알고만 있는가? 아니면 진짜 아는가?

진정 알고자 한다면 지금 이 순간부터 당장 즉시 불평과 불만을 멈출 수 있어야 한다. 최소한 일주일 동안만이라도 불평과 불만을 입 밖으로 꺼내지 않는다면 당신의 인생에 반드시 자유로운 삶이 찾아오게 될 것이다. 앞으로 내 인생에 불평과 불만 따위는 끼어들 틈이 없어질 정도로 10배 더 새로운 에너지로 부의 기준을 바꿔라. 보통의 사람이 아닌, 성공자 3%의 대열에 합류하기로 결단하라. 불평, 불만만 끊어도 성공으로 향하는 인생이 될 수 있다면 이보다 쉬운 솔루션이 있을까? 나는 사소한 것을 비범하게 해낼 수 있는 사람이야말로 진정한 성공자라 믿는다.

원하지 않는 삶에 대한 요구는 여기서 Stop!

"대오각성 : 열 받고 정신차려라!"

- 엠제이 드마코

쉽게 불평, 불만을 터뜨리는 삶은 당신이 진짜 원했던 삶이 아닙니다. 《부의 추월차선》의 저자 엠제이 드마코는 이런 노예적 사고에서 하루 빨리 탈출하라고 말한다. 진정으로 원하는 삶을 되찾기 위해서는 가장 먼저 현재 내 삶에 만들어진 실패로 가는 규칙들을 깨뜨려야 한다.

10배 더 큰 부를 끌어당기기 위해서는 당신이 진정으로 원하는 것으로 초점을 이동시켜야 한다. 어제까지는 원하지 않는 것에 초점을 맞추느라 그저 그런 평범한 인생에 집중했다면 지금부터는 달라져야 한다. 기적이란 '기준'을 어디에 두는가에서 부터 시작된다.

가장 먼저 불평을 만든 생각의 뿌리가 무엇인지 명확히 알고 가지치기해야 한다. 건강한 나무는 주기적인 가지치기를 통해 만들어진다. 당신의 생각도 마찬가지다. 10배 큰 자유로 가는 생각으로 꽉 채우고 싶다면 먼저 원하지 않는 삶, 원하지 않는 것들을 명확히 찾아 노트에 기록하라. 원하는 부를 찾아가려면 원하지 않는 인생의 모습들을 제거하는 것이 선행되어야 한다. 그래야 분별이 가능해진다.

대부분의 사람들은 자신이 원하는 것이 무엇인지, 원하지 않는 것이 무엇인지조차 구별하지 못한다. 그렇기 때문에 사는 대로 생각하는 삶을 지속하면서 불평과 불만이 멈추지 않는 것이다. 종이를 한 장 꺼내어 가운데 실선을 긋고 왼쪽에는 원하지 않는 삶, 오른쪽에는 원하는 삶을 적어라. 이 작업은 매우 구체적이고 솔직하게 해야 한다. 구체적일수록 뇌가 진실로 받아들이고 변화로 가는 행동을 이끌어 낼 수 있기 때문이다.

<5년 전 박서윤의 멈추고 싶은 원하지 않는 삶에 대한 기록들>

- 나는 통통해서 외모가 별로야! 예전 모습처럼 돌아갈 수 없을 거야!
- 이 돈으로 다음 달에는 잘 버틸 수 있을까?
- 매번 최선을 다해 일하는데 왜 성과가 안 날까?
- 블로그는 나에게 너무 어려워. 그래서 정말 하기가 싫어!
- 나는 시간이 항상 부족해. 그러니까 잠을 더 줄이고 더 열심히 살아야 해
- 내가 다 책임져야 해, 나보다 남들을 위해 살아야지.
- 여유 부리면 가난해져
- 매일 열심히만 살다보면 기회가 생길 거야

이제 당신 차례다. 잠시 책을 멈추고 원하지 않는 삶이 무엇인지, 내 성공을 방해하는 걸림돌들이 무엇인지 찾아 종이 위에 펼쳐 보아라. 성공한 자수성가자들이 만든 현실은 종이 위에 생각을 펼치는 순간부터 시작되었다는 사실을 기억하라.

✒ 원하는 대로, 말하는 대로!
자유로 가는 인생을 '요구'하라

얼마 전 기사에 보니 이런 제목의 글이 있었다.

'대한민국 불행지수 21년 만에 최고'

무엇이 이렇게 짧은 기간 동안 인간의 불행지수를 높여 놓았을까? 인간이 불행해지는 가장 큰 이유는 무엇일까? 나는 두 가지를 꼽는다.

하나는 온라인 세상에서 부와 가난의 삶을 동시에 볼 수 있게 되면서 생긴 '비교의식' 때문이고, 다른 하나는 '나도 저 사람처럼 살 수 있을 거야!' 하는 '기대치'가 커진 탓이다.

비교하는 마음과 현실에 비해 높은 기대치가 생겨나는 순간 불행의 불씨가 커진다. 반대로 말하면 기대치를 조금 낮추고 남이 가진 것이 아닌, 나 자신에게 집중하는 순간 행복의 불씨도 켜질 수 있다는 말이 된다. 불행과 행복은 어쩌면 바라보는 방향 하나 바꿈으로 인해 차이가 발생하게 되는 것 아닐까?

진정으로 원하는 자유를 얻고 싶다면 당신이 원하지 않는 것과 원하는 것부터 명확히 요구하라. 내가 무엇을 원하는지 잘 모르겠다면 지금껏 내 생각이 아닌 남이 심어놓은 생각으로 살아왔을 확률이 높다. 성공으로 가려면 반드시 인생의 과제를 수행해야 한다. 자유를 얻는 인생 과제 미션에는 이런 문구가 적혀 있다.

"네 운명을 사랑하고, 너 자신이 되어라!"

나는 조금 더 변형하고 싶다.

"'자기 안의 목소리'를 진정으로 듣고 명확히 요구하라.

머지않아 '자유'를 찾게 될 것이다."

지금 이 순간부터 오로지 나 자신으로 사는 것만을 명확히 요구하라. 남이 아닌 내가 될 때 인생의 아모르 파티가 시작된다. 당신이 진정으로 원하는 것은 무엇인가? 당신의 생각은 어디에 초점을 맞추고 있는가? 부디 이 질문이 그냥 스쳐지나가는 질문이 아니기를 바란다.

> '바깥세상'에 맞춰 살다보면
> 머지않아 불행을 찾게 될 것이다.
> '자기 안의 세상'에 맞춰 살다 보면
> 머지않아 행복을 찾게 될 것이다.
>
> - 스티븐 바틀렛, 《우선순위의 법칙》

10배 큰 재운이 따르는 사람들의
3가지 특징

4

✍ 어느 날 꿈으로 찾아온 행운

아침 해가 막 떠오르기 시작하자 눈이 떠졌다. 꿈에서 깨기 싫어 한참을 눈을 감고 있는 동안 여전히 귓가에 아름다운 노래 소리가 들려오는 듯 생생했다. 맑은 눈을 가진 하얀 새 두 마리 가 우리 집 베란다에 들어와 아름다운 새소리로 노래를 부르기 시작했다. 꿈속이었지만 마치 나를 위한 음악회가 열린 것 같았 다.

꿈은 그 사람의 기분과 잠재의식을 반영한다고 한다. 새소리 에 반해 두근거리는 내 심장이 눈을 뜬 이후에도 한참 동안 지속 됐다. 기분 좋은 감정을 놓치기 싫어 외출 준비 후 동네 핫플로 향했다. 우리 동네에는 매일 아침부터 저녁까지 사람들이 줄지어 드나드는 곳이 있는데 이른바 '명당'이라 불릴 정도로 장소의 기운이 좋은 곳이라 한다. 그 가게 내부에는 커다란 플랜카드 한 장이 붙어 있는데, 플랜카드에는 이런 문구가 쓰여 있다.

"로또 역대급 1등 당첨!! 123억 6천만 원"

맞다. 짐작한 대로 그 가게는 우리 동네 가장 잘나가는 복권방이다. 가끔 좋은 꿈을 꾸면 행운을 추억하기 위해 로또를 한두 장씩 사곤 하는데 그날따라 꿈에서 느낀 감정이 너무 생생하게 남아 로또를 세 장 구매했다.

며칠이 지나 회사 업무로 인해 다시 바쁜 일상이 돌아가고 있었다. 하루 동안 많은 일정을 소화해내느라 지칠 대로 지친 나는 조금 일찍 잠자리에 누웠다. 5분쯤 지났을까? 갑자기 신랑이 문을 열고 들어와 스마트폰 불빛을 내 얼굴을 비추었다. 잠이 막 들려는 찰나였기에 놀란 나는 실눈을 뜬 채로 스마트폰을 쳐다봤다.

3초의 정적이 흐른 후, 나와 남편은 서로 입을 틀어막았다. 스마트폰 화면을 보니 '축 당첨'이라는 글이 쓰여 있는 것이 아닌가? 며칠 전 꿈을 꾸고 난 후 좋은 감정으로 구매한 로또 세 장 중 한 장이 무려 3등에 당첨된 것이다. 그제야 신랑이 왜 이렇게 놀라서 내 얼굴에 스마트폰 불빛을 쏘아댔는지 알게 되었다. 만약 그날 로또를 사지 않았다면 이루어지지 않았을 행운이 우리 집에 찾아온 것이다. 밤새도록 기분이 설레 잠은 안 오고 콧노래가 흘러나왔다. 마치 꿈속의 새들이 내 모습인 듯 오버랩되었다. 로또 당첨의 이벤트는 우연이었을까? 필연이었을까?

✒ 10배의 부를 만들어 내는 사람들의 비밀

나는 많은 부자들을 만나 직접 이야기를 나눠보고 인터뷰를 해보며 재운이 많은 사람들에게는 특별한 공통점이 세 가지 있다는 사실을 발견했다. 전작 《10배 버는 힘》에서는 불운을 몰고 다니는 사람들의 세 가지 특징을 알려주었다면, 이번에는 **재운이 많은 사람들**이 가진 세 가지 특징을 알려주려 한다.

첫째는 인생의 프레임을 있는 그대로 받아들인다는 것이다.

우리 인생에는 주기에 따라 항상 좋은 일과 나쁜 일이 반복하여 일어난다. 특히 인생의 나쁜 일들은 한꺼번에 몰아서 겹쳐 찾아오는 쓰나미 모습과 비슷한 주기 형태를 띄고 있다. 그럴 때 대부분의 가난한 사람들은 벌어진 현상에 대해 왜곡된 프레임을 끼워 넣는다. 무슨 말일까? 내 인생에 나타난 문제들을 해결해 나가야 문제들로 보지 않고, 자기 자신을 인생의 피해자로 규정하는 것이다. 그때부터 모든 사건들을 왜곡되기 시작한다. 내가 피해자가 되려면 세상과 주변 사람들, 모든 상황은 나를 힘들게 하기 위해 존재하는 것이어야 한다. 내가 피해자로 남아 있어야 하는데 해결하고 싶은 의지가 생길까? 피해자로 계속 남아 있어야 하기에 더 큰 원망과 불만만 늘어날 것이다. 악순환의 반복으로 가난은 점점 더 깊어지고, 재운의 기회 또한 멀리 달아나 버린다.

반면 재운이 많은 사람들은 어떤 상황에서든 더하지도, 덜하지도 않게 있는 그대로 해석한다. 그들은 냉철한 현실감각을 불러 일으켜 해결해야 할 문제를 명확히 정의하고 현재의 문제보다 큰 사람이 되는 것에 집중한다. 그렇게 성장하다보면 어느 순간 문제가 사라져있는 것을 경험을 통해 깨달았기 때문이다. 재운이 많은 사람들은 인생의 문제들이 나의 돈 버는 능력을 키워주는 행운의 기회라고 생각한다. 피해자가 아니라 문제 해결가로서의 관점으로 세상을 바라본다.

둘째는 악연과 귀인을 분별하여 관계를 맺는다는 것이다.

가진 돈마저 잃는 사람들의 특징을 보면 타인이 자신에게 조금이라도 친절을 베풀면 마음까지 남김없이 다 내어주려는 모습을 보이곤 한다. 이런 사람들은 대개 어렸을 적 부모님으로부터 충분한 사랑을 받지 못해 타인의 인정 욕구로 애정을 채우거나, 사람의 이기심과 이타심을 분별하는 방법을 배우지 못한 특징을 갖고 있다.

하지만 재운이 강한 사람들은 자신이 부를 일궈가는 과정이나 지켜내는 과정에서 사람들의 마음이 돈 때문에 한순간에 바뀌거나, 신의를 잃어가는 경험들을 다수 해 보았기 때문에 쉽게 마음을 열지 않는다. 그야말로 아무리 귀인으로 포장해도 악연을 식별할 수 있는 감각적인 레이더망이 발달한 사람들이다. 어떤 악연이라도 처음에는 귀인처럼 포장되어 나타나는 경우가 많기 때문에 오랜 시간 거리를 두고 천천히 사람의 본심을 알아가는 과정을 반드시 갖는다. 상대가 끝까지 신의와 신뢰를 잘 지키는 사람인지 지속적으로 분별해 내려고 노력한다. 그들은 함부로 인연을 맺지 않고, 악연이라고 느껴지면 반드시 그와의 인연으로부터 벗어난다. 재운이 따르는 사람들은 신뢰관계를 기반으로 맺어진 귀인들과 더 자주, 더 오래, 더 깊은 관계를 맺으며 살아간다.

마지막으로 셋째는 원하는 삶을 현실화시켜 줄 명확한 정체성을 갖고 살아간다는 것이다. 정체성이란 내가 원하는 삶의 모습 그대로 내면에 프로그래밍 된 모습을 말한다. 재운이 강한 사람일수록 현실에 집중하되 미래에 되고 싶은 모습을 현실로 명확하게 끌어당길 수 있다. 미래에 언젠가 내가 될 모습이 아니라 오늘, 지금 이 순간부터 그런 사람으로 살아가야 한다는 것을 직감적으로 알고 실천하는 사람들이다.

　미국 작가 플로렌스 신은 재운이 따르는 사람들의 세 번째 특징을 명확히 이야기 해 주고 있다.

　　"원하는 것을 이미 받았다는 사실을 알고 그에 따라 행동하라."

　재운이 따르는 사람은 '언젠가'라는 말 대신 '지금 이 순간'이라는 말을 훨씬 많이 한다. 그것이 돈을 유혹하는 비밀이라는 사실을 알기 때문이다.

　재운이 따르는 비밀을 나에게 대입해 본다면 어떻게 해야 할까? "나는 언젠가 부자가 될 거야!"라고 말하지 말고 오늘, 지금 이 순간 이미 재운이 따르는 사람처럼 살아야 한다. 그것이 재운이 강한 사람들이 가진 특별한 부의 비밀이다.

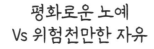

평화로운 노예
Vs 위험천만한 자유

5

🖋 인간의 세 가지 유형

일본 항공 인터내셔널 회장이자 '경영의 신'이라 불리는 이나모리 가즈오는 세상에 세 부류의 사람이 있다고 말한다. '**자연성**', '**가연성**', '**불연성**', 이 세 가지가 인간의 유형을 나누는 기준이다.

자연성 인간은 누군가의 개입이 필요 없다. 언제, 어디서든 자기 스스로 불태울 수 있는 능동적 사고관과 돈 되는 행동을 지향하는 사람들이기 때문이다. 자연성 부류의 사람들은 지속해서 탁월한 실력을 쌓으며 부를 이뤄가지만 2%도 채 되지 않을 정도로 소수다.

가연성 인간은 스스로 무언가를 도전하는 것에는 어려움을 느끼지만 코치나 멘토가 옆에서 조금만 자극을 주거나 동기부여를 해 주면 그때부터 자발적으로 움직이기 시작한다. 혼자서는 불꽃을 만들 수 없지만, 누군가의 지적 자극을 발판 삼아 작은 불씨를 만들어 낼 수 있는 유형의 사람들이다.

마지막으로 **불연성 인간**은 어떠한 자극에도 꿈쩍하지 않고, 오히려 자신에게 오는 기회조차도 발로 걷어차 버리는 사람들이다. 이 사람들은 어떤 조직에 있든 냉소적인 기운으로 다른 사람들의 열정과 동기마저도 불을 꺼버리기 일쑤다. 남이 잘되는 것을 보는 것은 용납할 수 없다. 그들에게 열정이란 비상식적이며, 할 수 있다는 믿음은 어리석음의 표본이라고 여긴다.

안타깝게도 어디든 불연성 인간들은 반드시 존재한다. 나는 이런 부류의 사람들을 '평화로운 노예'라고 부른다. 겉으로는 자신의 삶이 고귀한 척, 가장 이상적인 척하며 사람들에게 자신은 경쟁도 없고, 갈등도 없는 편안한 인생을 살고 있다고 말하지만, 진짜 그럴까? 그들의 내면에는 온갖 질투심과 열등의식으로 가득 차 있다. 말 그대로 무늬만 평화로운 척하는 냉소주의 노예의 삶을 살고 있는 것이다.

내 현실을 만든 것은 내가 아니라 세상의 잘못이고, 부모를 잘못 만난 탓이고, 운이 따르지 않은 것이라고 착각하며 살아간다.

그들의 내면은 세상에 대한 원망을 잔뜩 품고 있기에 독침을 숨기고 있는 전갈과 같다. 처음에는 안전한 척, 자신이 자연성인 척 가면을 쓰고 다른 사람에게 접근하지만 그들의 목적은 오로지 독침을 맞아줄 인간을 찾고 있을 뿐이다. 마침내 목표물이 생기면 거리낌 없이 다가가 온갖 화려한 말과 미사여구를 동원해 그 사람의 에너지를 쭉 빨아들인 다음 독침으로 한 방을 날려준다. 목적이 끝나면 새로운 목표물을 향해 유유히 나아간다.

평화로운 노예들은 성공에 대한 정의가 다르다. 타인을 도와 가치를 창출하여 부를 만드는 것이 아니라, 얼마나 많은 사람에게 독침을 쏘고, 삶을 망가뜨려 놓느냐가 그들의 성과이자 성공의 기준이다.

🖋100% 자연성 인간으로 살아가기 위해 해야 할 한 가지

인간의 본능은 편안한 곳이 안전하다고 느끼기 때문에 의도적 불편함을 만들지 않으면 자연성 인간에서 순식간에 불연성 인간으로 바뀔 수 있다. 그렇다면 항상 자연성 인간으로 사는 방법도 존재할까? 다행히 방법이 있다.

그 비밀은 가능하다면 말도 안 될 정도로 기준을 높여버리는 것이다. 말도 안 되는 기준이란 어떤 것인지 예를 들어보겠다.

1983년 당시 세계 메모리 반도체 산업 시장은 일본이 주도하고 있었다. 그때 삼성그룹 창업주인 이병철 회장은 삼성이 반도체 사업에 진출한다는 선언을 했다. 당시만 해도 삼성은 시장 점유율과 R&D, 생산성 등 거의 모든 측면에서 일본의 경쟁사보다 한참이나 뒤떨어진 후발 주자였다. 뿐만 아니다. 삼성은 연구 인력과 인프라가 부족한 상태이며, 생산 경험조차도 미비하기에 반도체 산업에 진출하는 것이 어렵다는 비관적 보고서들이 줄줄이 나오고 있었다.

하지만 이병철의 셋째 아들이자 삼성의 두 번째 수장이 된 이건희 회장에게 현실은 중요한 것이 아니었다. 그에게는 말도 안 되는 기준을 목표로 삼으면 무엇이든 이룰 수 있다는 뚝심과 저력이 있었다.

이건희 회장이 한국의 반도체 사업 진출을 성공시키기 위해 삼성 반도체 임직원들에게 가장 먼저 시킨 일은 무엇이었을까? 압도적 자연성 인재로 거듭나기 위해 〈삼성 반도체인의 10가지 신조〉를 매일 아침마다 외치게 한 것이다. 10가지 신조에는 이런 내용들이 담겨 있다.

〈삼성 반도체인의 신조〉

1. 안 된다는 생각을 버려라.

2. 큰 목표를 가져라.

3. 일에 착수하면 물고 늘어져라.

4. 지나칠 정도로 정성을 다하라.

5. 이유를 찾기 전에 자신 속의 원인을 찾아라.

6. 겸손하고 친절하게 행동하라.

7. 서적을 읽고, 자료를 뒤지고 기록을 남겨라.

8. 무엇이든 숫자로 파악하라.

9. 철저하게 습득하고 지시하고 확인하라.

10. 항상 생각하고 연구해서 신념을 가져라.

이 10가지의 신조 중 말도 안 되는 기준을 만들어 내기 위한 전제조건이 바로 '안 된다는 생각을 버리는 것'과 '큰 목표를 가지는 것'이다. 사실 삼성의 반도체 사업 진출 결정은 위험천만한 도전이었다. 보란듯이 반도체 시장을 선도하고 있는 일본이 있고, 한 치 앞을 예상할 수 없는 상황 속에서 지속적으로 반도체 산업에 투자하기로 마음 먹는다는 것은 쉽지 않은 일이다. 그럼에도 불구하고 안 되는 생각을 하지 않고 보다 큰 목표를 삼는 것! 이 두 가지 신조처럼 이건희 회장은 말도 안 될 정도의 기준을 높이고 실천한 것이다.

결과는 어떻게 됐을까? 1992년 64Mb DRAM을 세계 최초로

개발하면서 반도체 분야 선두주자로 합류하게 되었으며, 2017
년에는 삼성이 반도체 산업에 진출한 지 34년 만에 세계 반도체
업계 1위가 되었다. 그야말로 압도적으로 높은 기준을 목표로
위험천만한 도전을 지속한 덕분에 세계 정상에 오르는 기적을
만들어 낸 것이다.

지금 이 순간에도 여전히 세상의 성공 원리는 비슷하게 작동
하고 있다. 무늬만 평화로운 척, 독침을 숨긴 노예로 사는 삶과,
위험천만한 도전으로 무한한 자유와 승리를 누리며 사는 삶, 당
신은 어디에 베팅하고 싶은가?

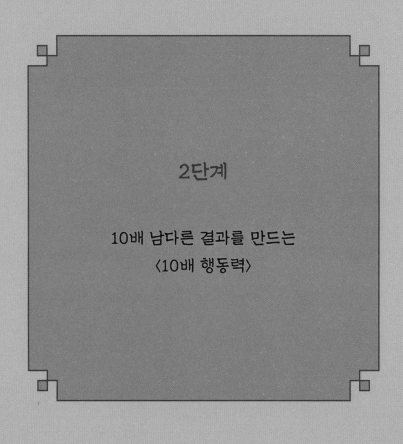

2단계

10배 남다른 결과를 만드는
〈10배 행동력〉

가장 빨리 운명을 바꿔줄
10배 행동의 비밀

1

✒ 무기력한 현실에 가려진 성공의 진실을 되찾은 날

"얼마나 더 버틸 수 있을까?"

코로나를 버텨내면서 사업장의 운전자본이 빨간 경고등을 계속해서 켜고 있었다. 운전자본이란 사업을 운영하는 데 필요한 여유 자금을 말한다. 앞으로 이런 상황이 6개월만 더 지속돼도 회사가 공중분해 되는 것은 정해진 수순이었다. 마음은 좀 더 버텨주길 바라고 있었지만 머리로 과정을 그려보면 회사가 버텨줄 가능성은 '0'이라는 결과가 계속해서 도출됐다.

성공은 노력만으로 되는 것이 아니었다. 노력에 운이 더해져야만 비로소 완성되는 퍼즐이었다. 내가 배운 것에 따르면, 자수성가로 억만장자가 된 사람들의 과정에 가장 중요한 성공의 요소가 하나 있었는데, 그것은 '인내심'이다. 문제는 현실적인 데이터나 자기 확신 없이 무한 긍정회로를 돌리는 현 상황이 시한폭탄을 껴안고 '난 살 수 있을 거야!'하고 자위하는 것과 같다는 점이었다.

결단이 필요했다. 되돌아 갈 수도 없고 무작정 밀고 나갈 수도 없는 진퇴양난의 순간. 성공자의 깃발을 들 것인가, 패배자의 백기를 들 것인가는 온전히 내 몫이었다. 순간 말도 안 되는 두려움과 공포가 온몸을 휘감기 시작했다. 분명 몸과 마음은 자유로운 상태인데 팔과 다리가 꽁꽁 묶인 사람처럼 정신이 마비되는 것을 순식간에 느낄 수 있었다. 나는 어떻게 해서든 불안과 공포의 감정을 뿌리치기 위해 머리를 좌우로 세차게 흔들었다. 현실을 부정하고 싶어서가 아니라, 또 다시 스물스물 올라와 버린 가난으로부터의 공포가 내 몸과 마음을 지배하지 못하도록 말이다.

동기부여의 대가 나폴레온 힐은 공포가 불행의 전조라 했다. 인간의 마음속에는 7가지 공포가 내재하고 있다.

1) 가난에 대한 공포
2) 질병에 대한 공포

3) 비난에 대한 공포

4) 사랑 상실에 대한 공포

5) 자유 상실에 대한 공포

6) 노쇠에 대한 공포

7) 죽음에 대한 공포

당신도 7가지의 공포 중 어느 하나에 대해서는 자유롭지 못한 상태일 수 있다. 이 공포심은 자기 자신을 믿지 못하는 불안감이 가득할 때 점점 크게 확대된다. 그렇기 때문에 공포를 믿음과 용기로 바꾸는 첫 번째 단추는 반드시 자기 자신에 대한 확신을 키우는 것이다.

머리를 세차게 흔들어 공포에 대한 감정을 떨어뜨려 놓자, 조금은 머릿속이 시원해지는 느낌이 들었다. 머릿속이 복잡해질 때 나는 그냥 잠을 자는 버릇이 있다. 이 습관은 《몰입》이라는 책을 보고 만들게 되었는데, 이성적으로 답이 나오지 않을 때는 잠재의식이 더 현명한 답을 도출할 수 있다는 것을 이 책에서 보고 깨달았기 때문이다. 누구보다 많은 지식 데이터가 쌓여있는 내 무의식이 가장 좋은 최적의 답을 찾아줄 것이라 믿고 나는 달콤한 잠에 빠져들었다.

30분쯤 눈을 붙였을까, 인생이 바뀌는 것은 '찰나'라고 했는데 눈을 떠 공포가 아닌 용기와 믿음을 선택한 결단의 순간, 지난 9년간 읽었던 책들이 회오리 일듯 머릿속에서 휘몰아치기 시작했다. 마치 컴퓨터 메모리가 답을 찾듯 머릿속에 입력해 두었던 수많은 글귀와 문장들이 나열되기 시작했다. 갑자기 로또를 당첨할 때 숫자가 적힌 공들이 마구 섞였다가 번호가 하나씩 추첨되듯 내 머릿속에서 당첨된 하나의 키워드가 떠올랐다.

"10배"

사실 내가 잊고 있던 무기가 하나 있었다. 나는 10배를 벌어낼 능력과 실력이 있는 사람이었다. 전작 《10배 버는 힘》에 그 비결이 담긴 스토리와 노하우가 생생하게 담겨 있다. 그렇다. 10배를 벌어낼 수 있으면서 코로나라는 현실을 만난 나는 또 다시 공포에 지배된 삶을 살고 있었던 것이다.

역시 사람은 위기에 맞닥뜨렸을 때 잠재된 의식을 깨운다. 움직여야 할 명분이 생긴다. 회사 운전자본에 빨간 경고등이 켜지고 난 뒤에야 비로소 성공의식에 다시 불이 켜졌다. 뇌의 생각하는 회로가 바뀌자 질문이 가장 먼저 바뀌었다.

'얼마나 버틸 수 있을까?'에서 '10배의 부는 지금 어디에 있을까?'로 말이다. 질문이 바뀌니 눈빛이 바뀌고, 목소리 톤이 바뀌고, 에너지가 달라졌다.

'버티기'와 '찾아내기'는 완전히 다른 개념이다. 버티는 것은 수동적으로 운명에 기대는 것이지만, 찾아내는 것은 능동태가 되어 운을 창조하는 삶을 사는 것이다. 나는 직감했다. 지금이 바로 '10배의 부'를 다시 찾아 낼 적기라는 것을 말이다. 내 잠재의식이 '10배'를 찾으라고 명령을 내리고 있었다.

'10배'라는 해답을 찾고 내가 가장 먼저 향한 곳은 '이곳'이었다.

🖋 10배 성공과 10배 지혜를 꿈꾸는 공간의 재탄생

내가 운영하고 있는 교육연구소는 송도의 핫한 학원가 거리 중심지에 있었다. 나에게 '10배'라는 키워드가 떠오르자마자 가장 먼저 생각난 아이디어는 연구소를 이전하는 것이었다. 연구소를 왜 이전해야겠다고 마음먹었는지는 이 글을 끝까지 읽고 나면 알 수 있다. 아이디어가 떠오른 후 연구소 바로 아래층에 있는 부동산에 갔다.

"어서오세요. 손님"

"제가 확장 이전을 계획하고 있어서요….."

말이 채 끝나기도 전에 친절했던 사장님의 낯빛이 어두워졌다. 요즘 경기가 좋지 않아서 부동산 오픈한 이래로 계약이 잘 성사되지 않는다는 말과 함께 부동산 거래자가 나타나려면 시간이 오래 걸릴 것이라는 메시지를 암시해 주었다.

5년 전만 해도 우리 연구소 건물 주위에는 아무것도 없었다. 사방 팔방 뚫려 있어 2층인데도 시원한 통창과 개방감이 있었다. 나는 개인적으로 에너지와 기운을 중시하는 편이다. 사람도 에너지에 따라 부가 좌우될 때가 많다. 공간도 마찬가지다. 연구소 주변이 뚫려 있을 때는 온갖 좋은 기운이 들어올 것만 같았는데, 어느 순간 학원가 거리로 활성화되면서 연구소 건물 주위로 높은 건물들이 줄지어 지어지기 시작했다. 주변 개발과 함께 뷰와 햇살이 막히며 공간이 주는 성공의 기운과 에너지도 함께 막히는 기분이 들었다. 사실 이전부터 알고 있었지만 모른 척했다. 코로나 때문에 압도된 공포감에 짓눌려 행동하는 힘 자체가 생기지 않았기 때문이다.

하지만 이제는 때가 되었다는 것을 직감적으로 느꼈다. 10배의 부를 되찾기 위해서는 공간이 주는 성공의 기운을 되찾아야만 했다. 부동산 사장님의 걱정을 한 귀로 흘려보낸 채 가장 먼저 부동산에 매물을 알리는 작업을 시작했다. 근거리는 직접 다니며 내놓고, 거리가 좀 있는 곳은 전화로 내놓았는데, 매물을 내놓은 곳을 대략적으로 세어보니 100군데 이상이었다.

결과는 어땠을까? 내놓은 지 2주 만에 계약이 되었다. 다른 곳은 다 나가지 않는다고 하는데 우리 연구소만 2주 만에 계약이 된 것이다. 심지어 높은 권리금까지 받고 말이다.

나는 부동산 거래를 빨리 일으키기 위해 딱 2가지만 신경 썼다.

첫째, 항상 새 공간인 것처럼 청소와 정리 정돈을 해 두는 것.

둘째, 남들보다 10배 더 많이 부동산에 직접 내 놓는 것.

역시 결과는 내가 예상한대로 한 달이 채 걸리지 않았다. 덕분에 좋은 기운이 들어오는 새로운 장소로 더 빠르게 이전할 수 있게 되었다. 장소를 찾을 때도 역시 두 가지 기준을 메인으로 설정했는데, 첫 번째는 사람들이 자주, 많이 드나들 수 있는 곳이어야 하고, 두 번째는 연구소 메인이 통창으로 되어 있어 햇살이 주는 밝은 기운을 항시 느낄 수 있는 곳이어야 한다는 기준이었다. 사람들이 쉽게 오가려면 연구소 근처에 지하철역이 있어야 했다. 여기 저기 역 주변 건물을 보러 다니다가 두 가지 조건을 완벽히 충족시키는 장소를 찾게 되었다. 그곳을 보는 순간 직감했다.

"아! 이곳이라면 10배의 부를 다시 되찾을 수 있겠다."

사방으로 뻥 뚫린 통창과 높은 뷰! 건물 바로 앞 지하철역까지, 모든 것이 내가 찾던 조건과 맞아 떨어졌다. 두 번 고민할 필요 없이 즉시 계약서를 썼다. 사실 이전 연구소 계약기간이 5개월 정도 남아있었는데 그 기간을 채우고 오는 것보다 일시적 손해를 감수하고서라도 하루 빨리 성공의 기운이 있는 곳에 연구소를 옮겨야겠다는 마음이 더 컸다. 그렇게 10배의 부를 되찾기 위한 나의 첫 번째 퍼즐을 맞췄다.

현재 새로 옮긴 우리 연구소 입구에는 두 개의 문장이 쓰여 있다. 하나는 '성공의 문' 또 하나는 '지혜의 문'이다. 어느 쪽을 선택하든 문을 열고 들어오는 순간 행운과 성공의 기운이 가득 들어있는 곳으로 발을 옮겨두었기에 성공할 수밖에 없게 된다.

놀랍게도 내 예상은 정확히 맞아 떨어졌다. 이전한 연구소로 고객 분들이 오실 때마다 공통적으로 하는 말이 있다.

"여기 너무 기운이 좋아요. 계속 오고 싶은 곳이에요."

나는 이 말이 성공의 절반은 다시 리부트 되었다는 소리로 들린다. 그래서일까? 이 책을 쓰고 있는 오늘도 미팅이 7건 잡혀 있고, 내일 아침 7시에는 약 50명의 사람들과 함께 독서모임이 진행될 예정이다.

인생의 반전은 '찰나'다. 공포를 용기와 믿음으로 바꾸는 순간, 기적의 물꼬가 트이기 시작한다.

✒ 기적을 만드는 패턴을 발견하다

연구소 이전을 준비하면서 그 동안 차곡차곡 기록해온 바인더들을 들춰보았다. 그중에는 내 꿈 리스트를 모아 둔 바인더 한권도 포함되어 있었는데, 매년 초 꿈 리스트를 적어두기만 바쁘다는 핑계로 펼쳐보지 못했다. 오랜만에 지금까지 적어 온 꿈 리스트를 찬찬히 읽어 내려갔다. 별 기대하지 않고 읽던 나는 너무 놀라서 입을 손으로 막을 수밖에 없었다.

"진짜? 이게 이루어졌다고?"

사실 이전부터 목표를 기록하면 이루어지는 경험을 많이 해보았기에 나에게 종이에 적은 꿈이 이루어지는 것은 그리 놀랄 일이 아니었다. 하지만 우연히 꿈 리스트들을 읽으면서 매우 특이한 패턴 하나를 발견했다. 패턴의 비밀을 밝히기 전에 내가 적어놓은 꿈 리스트 몇 개를 공유해 본다.

- 책 두 권의 저자가 된다.
- 연구소를 지하철역 앞 기운이 좋은 장소로 확장 이전한다.
- 연구소 매출을 10배 더 높인다.
- SNS 마케팅 전문가가 된다.
- 부동산 투자를 시작한다.
- 10명의 마스터 마인드 팀을 꾸려 함께 성장한다.

꿈 리스트를 적으면서도 반밖에 믿지 않았다. 아니 반도 믿을 수 없었다. 매년 나 자신에 대한 믿음과 행동력을 높이기 위해 꿈 리스트를 적어왔지만, 그때 당시는 코로나로 1년 넘게 적자가 나고 있는 상황이었기 때문이다. 어리석은 사람이 아니라면 그때 할 수 있는 가장 현실적인 선택은 연구소 문을 닫는 것이었다. 한 마디로 절망, 그 이상의 상황이었다. 사업을 접어도 시원치 않은 상황에서 이런 꿈 리스트를 적고 있다는 것이 내 생각에도 좀 비상식적이긴 하다.

맞다. 지금 당신이 생각한대로 나 역시 꿈이 이루어지는 것은 말도 안 된다는 입장이었다. 기대보다는 오기로 적었던 기억이 난다. 그랬는데 놀랍게도, 적어 놓은 목표들 중 가장 의심이 많이 되었던 목표들이 이루어져 있는 것 아닌가?

그로부터 3년이 지난 지금, 난 세 번째 책을 집필하고 있다. 뿐만 아니다. 연구소도 지하철역 앞으로 확장 이전했다. 연구소 매출은 극적으로 10배 이상 높아졌다. 우리 연구소에서 성공의 비전을 꿈꾸는 마스터 마인드 팀원이 점점 늘어나고 있다. 도대체 어떻게 이 목표들이 이루어질 수 있었던 것일까? 내가 발견한 성공 패턴의 비밀을 당신에게 꼭 알려주고 싶다.

지금 절대 이룰 수 없는 10배 큰 목표를 적어라.

다시 알려주겠다.

현재보다 10배 더 큰 목표를 꿈꾸고 기록하라.

10배 더 크면 클수록 반드시 실현된다.

잠깐! 말도 안 된다는 생각이 들어서 의심이 생기려 했다면 너무 성급하게 판단하지 말고 조금만 더 읽어보자. 10배 더 큰 꿈들을 적으면 왜 더 잘 이루어지는지 말해주겠다. 그 비결은 바로 '차단 효과' 때문이다.

'차단 효과'란 이루고 싶은 꿈이 너무나 크고 명확해서 주위의 다른 어떤 것들에는 눈을 돌릴 수 없는 상태를 말한다. 만약 내가 코로나라는 현실을 받아들이고 '버텨내기'라는 목표를 꿈 리스트에 적었다면 나는 이것 저것 코로나를 버텨줄 무언가를 찾아 기웃거리느라 에너지를 모두 소진했을 것이다. 하지만 나는 그저 그런 목표가 아닌, 말도 안 되는 10배 더 큰 목표들을 적어나갔다. 그리고 마침내 3년 후에 그 목표들이 현실화 된 것을 체험했다. 차단 효과가 어떤 것인지 조금 더 쉽게 예를 들자면 이렇다.

어느 날 서울로 강의를 가는 길에 문득 창밖을 보다가 재밌는 장면 하나를 포착했다. 내 시야의 한 가운데 우뚝 솟은 롯데타워가 보였다. 롯데타워 높이는 약 554.5m나 된다고 한다. 롯데타워 건물이 너무 커서 주변의 상권은 마치 아담한 마을처럼 보였다. 아니 롯데타워의 웅장함에 압도되어 주변 건물을 시야에 들어오지도 않았다는 것이 더 정확한 표현일 것이다. 나는 이것이 가장 적확한 차단 효과의 예시라고 생각한다.

말도 안 되는 목표들을 꿈 리스트에 적어둠으로써 다른 작은 기회들에 눈을 돌릴 수 없게 만들어야 한다. 다른 것은 차단하고 삶의 방향과 시선을 이끄는 최적의 목표물에 집중하도록 이끌어야 한다. 10배 큰 목표가 너무 명확해서 오직 그 답을 찾는 데 나의 RAS(신경회로연결망)를 집중해 최적화시켜야 한다. 이것이 말도 안 되는 10배 목표들이 그저 그런 목표들보다 더 잘 실현되는 최고의 방법이다.

자신의 목표를 종이에 적어보자.

그저 그런 목표가 아닌, 10배 더 확장된 크고 명확한 목표여야 한다. 꿈 리스트를 적은 사람들은 많지만, 내가 10배 더 큰 수익과 비전을 이룰 수 있는 비결은 꿈 리스트에 적은 꿈과 목표의 크기에 있었다. 이 방식은 누구나 할 수 있지만 현재 내 상황에서 10배 큰 꿈을 적어서 실현할 수 없다고 믿기 때문에 아무나 시도하지 않는 것뿐이다. 당신의 10배 큰 목표, 10배 큰 꿈들을 마음껏 나열하라. 그러면 그 꿈들이 기억도 나지 않을 정도로 잊혀져 있을 무렵 현실로 나타날 것이다.

당신도 인생을 새롭게 창조할 이 생각의 크기를 10배 확장한다면 앞으로 삶이 어떻게 펼쳐질까? 실제로 나는 생각의 크기를 10배 확장해서 얻은 결과들이 몇 가지 있는데, 아직 내 기준에 미미하지만 이룬 것들을 공유해 본다.

- 브이백 자연주의 출산 후 건강하게 몸무게 10kg 이상 감량 (현재 진행 중)
- 소피노자 박서윤 인사이트 코칭비 3배 증가
- 연구소 상반기 강의 일정 풀 예약 및 매출 10배 증가
- 세 번째 책 집필 중
- 파이프라인(자동수익) 4개 확장 구축

어떻게 이런 결과들을 얻을 수 있었을까?

아이디어 노트와 10배 노트를 접목시켰기에 가능한 일이었다. 내 가방에는 항상 읽을 책 두 권과 10배 노트 바인더 한 권이 들어있다.

특히 10배 노트는 새벽마다 내 꿈을 10배씩 키워주는 요술노트다. 씨앗을 심고 매일 물을 주고 관리해야 열매가 맺는다는 것은 모두가 알고 있는 사실이다. 꿈이 씨앗이라면 마음에 한번 심고 끝내는 것이 아니라 꽃이 피고 열매가 맺을 때까지 지속해서

돌봐주어야 한다.

10배 노트는 소중한 내 꿈의 씨앗들을 10배 알찬 열매로 태어나도록 도와주는 최고의 도구다. 만약 10배 노트를 작성하지 않았다면 나는 매일 급한 일만 잘하는 급한 일 처리 인생이 되었을 것이다. 급한 일만 잘하는 사람은 잡초를 뽑는 일에만 집중하는 사람이다. 10배 노트에 꾸준히 내 생각과 꿈의 크기를 키워 기록하는 사람은 잡초가 비집고 들어올 틈도 없이 알찬 열매가 잘 맺도록 토양을 비옥하게 만드는 데 집중하는 사람이다.

어떤 사람이 더 큰 성과를 낼까? 어떤 사람이 더 멋진 열매를 맺게 될까? 플래너에 해야 할 일(To Do)만 적는 사람은 10배 큰 꿈에 도달할 수도 없고 10배 큰 꿈을 기록해 본 적이 없어 그 꿈이 무엇인지조차 모른다.

10배 노트를 꾸준히 쓴 사람은 자신의 열매가 10배 크게 자라면 어떤 인생을 만들어 낼지 명확히 아는 사람이다. 10배 목표를 꾸준히 써 내려가는 사람들의 뇌는 10배 큰 목표를 이루는 데 집중하느라 다른 것들은 차단 스위치를 켠다. 나는 10배 노트를 나를 사랑하는 사람들의 인생을 터닝포인트시키는 기적의 노트라고 부른다.

행동력 10배 노트

date :

```
1. 날마다 목표를 적는다.
2. 도달할 수 없는 목표를 선택한다.
3. 현재 생각을 10배 더 크게 키워 기록한다.
                              (10배의 법칙 참고)
```

첫째도, 둘째도
크리티컬 패스가 답이다

2

✒ 운이 좋은 인생으로 가는 비밀

인생을 '운명론'과 '선택론' 두 가지로 나눌 수 있다면 당신의
의견은 어디에 더 무게를 두고 싶은가? 운명론은 말 그대로 자신
의 운명이 태어날 때부터 정해졌다는 의견이고, 선택론은 자신
의 운명은 타고난 것이 아니라 개척하고 만들어 갈 수 있다는 의
견이다.

두 의견은 서로 다를 수 있겠으나, 어떤 것을 선택하든 그 길
에 '운'이라는 것은 존재하기 마련이다. 단순히 인생을 과학적으
로 입증해 내기에는 불가역적이고 명확한 수치로 설명될 수 없
는 일들이 너무나 많이 일어나고 있기 때문이다. 이 책을 읽고

있는 당신과 나의 인연 역시 과학적으로 100% 설명할 수 없는 무언가가 작용하고 있다고 믿는다. 사람들은 이런 보이지 않는 기운 또는 에너지를 '운'이라고 부른다.

어떤 사람은 자신의 인생을 돌아볼 때 운이 좋았다고 말하는 반면, 어떤 사람은 자신의 인생이 최악의 불운이라고 말한다. 나는 많은 자수성가 부자들이 '운이 좋았다.'고 말하는 것이 어떤 이유 때문인지 궁금해서 '운'에 대해 많은 공부를 해 왔고, 연구소를 운영하며 운이 좋다고 말한 사람들의 인생담을 정말 많이 들어왔다. 1,000명이 넘는 사람들이 말하는 인생을 들으면서 그들이 말하는 '운'이 어디에서 찾아왔는지 알게 되었다. 행운의 요소가 사람들 인생의 많은 부분에 관여하고 있다면, 대체 '운'이란 어떻게 작동되고 있는 것일까?

그에 대한 해답을 알려주기 전에 먼저 내 인생을 뒤돌아보자. 당신은 운이 좋은 사람인가? 그렇다고 생각한다면 무엇 때문에 운이 좋았는가? 운이 좋은 사람이 아니었다면 무엇 때문에 운이 좋지 않았는가?

실제로 운에는 주기가 있다. 운의 주기에 따라 한 사람이 평생 좋은 일만 겪으며 살지 않고, 나쁜 일만 생기지도 않는다. 태양이 지구를 비출 때 모든 면을 비출 수 없듯, 운도 좋은 것과 좋지 않은 것의 양면성을 갖고 있다. 자신의 인생에서 운의 흐름을 잘 살펴가며 운의 진폭을 크게 만들어 내는 것이 운의 주기를 잘 활용하는 방법 중 하나다. 자수성가 부자들은 주기적으로 운의 흐름을 좋게 만들 줄 아는 사람들이었다. 그들은 대체적으로 이런 특징을 갖고 있었다.

계란 지단을 만드는 것을 최우선으로 실행한다. 갑자기 계란 지단이라니 무슨 말일까? 당신이 김밥을 만든다고 가정해 보자. 김밥 속 재료를 만들 때 어떤 것이 가장 시간이 많이 걸릴까? 계란 지단이 가장 오래 걸린다. 지단을 부친 후 식히는 시간까지 필요하기 때문이다. 김밥을 빠르게 완성하고 싶다면 가장 오래 걸리는 계란 지단부터 해야 한다. 그렇게 하지 않고 계란 지단을 가장 마지막에 할수록 김밥을 완성하는 시간도 지연된다. 이런 현상을 크리티컬 패스라고 한다. **크리티컬 패스란, 최장 경로라는 뜻으로, '실선도에서 시점과 종점을 연결한 경로로 길이가 최고 긴 것'**을 말한다.

이것을 업무에 적용하면 가장 시간이 오래 걸리는 일을 말한다. 이를 인생의 목표나 업무로 환치해 보자. 크리티컬 패스에 속하는 일들은 해내려면 에너지가 많이 들기 때문에 본능적으로 귀찮고 해결하고 싶지 않은 생각들과 싸워 이겨야만 한다.

- 저자가 되기 위해 책을 집필하는 것.

- 건강을 위해 운동을 꾸준히 해 내는 것.
- 인플루언서가 되기 위해 유튜브를 찍고 편집해야 하는 것.
- 영업사원이 최고 매출을 달성하기 위해 매일 사람들을 만나 영업을 하는 것.

모두 귀찮고 어려운 일들이다. 하지만 이 모든 것을 해내지 않고는 좋은 운을 불러일으킬 수 없다. 오히려 다른 일들을 조금 줄이더라도 핵심 크리티컬 패스에 더 많은 에너지와 시간을 투여한 사람들이 더 빨리, 더 큰 운을 끌어당긴다. 운의 흐름을 만들어 내는 사람들은 철저히 '크리티컬 패스'를 파악하고 그것에 집중해서 삶을 만들어 가는 특징을 갖고 있었다.

내가 찾은 운의 비결은 인생의 크리티컬 패스 영역을 가장 먼저 실행한 사람들에게 주어지는 보상이었다. 최고 난이도를 먼저 해치우고 나면 그 다음은 점점 더 많은 것들이 쉬워진다. 크리티컬 패스를 먼저 해내는 사람들은 점점 쉬운 것들이 많아지는 인생을 향해 가는 반면, 가난한 사람들은 크리티컬 패스 영역을 어떻게 해서든 비껴가려고 한다. 당신이 운이 좋은 사람이 되려면 운의 진폭을 계속 키워나가는 불편한 일에 앞장서서 매달려야 한다. 행운을 최대치로 끌어올리는 인생의 크리티컬 패스를 선점해야 한다. 가장 귀찮고, 가장 하기 싫지만 하지 않으면 마음에서 자꾸 불편함을 안겨주는 것! 그것이 내 인생의 크리티컬 패스다. 그것을 지금 실행하고 있다면 당신은 이미 운이 좋은 사람이다.

운명론을 지향하든, 선택론을 지향하든 당신의 인생 주기는 늘 움직이며 변화하고 있다. 이때 내가 얼마나 불편한 일들을 해내며 단단해졌느냐에 따라 운의 기세에 올라탈 수 있는 기회가 주어진다. 적극적으로 불편한 일을 찾아내는 것, 그리고 불편한 일이 쉬운 일이 될 때까지 꾸준히 크리티컬 패스를 실행해 나갈 때 행운의 주인공이 될 자격을 얻게 된다.

운이 좋은 사람이 되길 원하는가? 불편함이라는 터널을 기꺼이 통과해라.

〈나만의 크리티컬 패스를 찾는 질문〉

Q. 당신의 6개월 후 목표는 무엇인가?

Q. 당신의 1년 후 목표는 무엇인가?

Q. 그 목표를 이루기 위해 계획을 세울 때 가장 오래 걸리는 일은 무엇인가?

Q. 가장 오래 걸리는 일을 마무리하기 위한 데드라인은 언제인가?

Q. 당신의 크리티컬 패스를 완수하면 어떤 결과를 맞을 것 같은가?

10배의 부를 축적시키는
성공 루틴

3

정확히 10년 전 일이다. 당시 우리 가족에게는 탈출구 없는 비상사태의 하루하루가 펼쳐지고 있었다. 남편의 공황장애 진단, 4살 아들의 길랑바레 증후군 판정, 3억 5천이라는 빚의 굴레에서 헤어 나올 수 방법이란 아무것도 없어 보였다. 그저 무기력하게 24시간이 흘러가는 모습을 지켜보고 있는 것만이 유일하게 할 수 있는 일이었다. 최악의 상황이 되면 지푸라기라도 잡고 싶어지는 것인 인간의 심리다. 간절함이 답을 찾아준 것일까? 희망의 불씨가 꺼지려 할 때 귓가에 들려오는 한 줌의 메시지가 어느 날 내 인생의 방향타를 바꾸어 놓았다.

"저는 독서모임으로 저를 되찾았어요"

유아교사 재직 시절, 조찬 모임에서 이사장님께서 해 주신 한 마디였다. 최악의 인생 굴레를 벗어날 방법이 있다면 어떻게 해서라도 탈출하고 싶었다. 나 자신을 부정하는 자기혐오와 끝없는 자기 연민으로부터, 지독하게 실타래처럼 꼬인 현실로부터 말이다.

'독서모임에서 되찾으셨다고?'

간절함이 목 끝까지 차오른 나에게는 오아시스를 만난 느낌이었다. 두 번 고민할 필요가 없었다. 이사장님께 독서모임 추천을 받고 직접 가 보아야겠다고 마음먹었다. 내가 추천받은 독서모임은 매주 토요일 아침 7시에 운영되고 있었다. 주말 아침은 당연히 한 주의 피로를 푸는 날이라고 생각했던 나에게 독서모임 시작 시간은 신선함 그 이상의 충격이었다.

별 기대하지 않고 갔던 독서모임에는 이미 50여 분 이상이 자리에 앉아 근황을 나누고 있었다. 토요일 새벽 6시 40분에 있을 법한 상황인가? 그때 깨달았다. 성공한 사람들은 절대 평범하지 않음을 말이다. 나도 비범한 사람들의 대열에 함께하고 싶었다. 아니 평범해지기라도 했으면 좋겠다는 마음이 꿈틀거리기 시작했다.

처음 독서모임에 간 날, 지정 도서는 게리 채프먼의 《5가지 사랑의 언어》였다. 독서모임 사회자분께서 그 책의 핵심을 풀어주시는데 갑자기 마음에 무겁게 붙어있던 응어리가 왈칵 쏟아져 나오는 것이 느껴졌다. 그간 극심한 피로감을 만든 우울감을 비롯해 감정의 찌꺼기들이 짧은 시간 동안 배출되면서 순간 머리가 맑아지는 기분이 직감적으로 느껴졌다. 출산을 막 마치고 난 후의 황홀함 같다고 해야 할까? 독서모임에 첫 참석한 그날, 나는 말로 표현할 수 없을 만큼의 짜릿한 희열을 맛보았다. 아마도 그런 기분은 희망이 없다고 단정 지었던 내 생각이 얼마나 편협하고 어리석었는지 깨달은 데서 비롯된 것 같다.

독서모임에 처음 간 날은 내 인생의 방향이 1도 바뀐 날이다. 때로는 인생의 속도를 높이는 것보다 방향을 1도 바꾸는 것이 더 중요할 때가 있다. 독서모임 첫 날, 그로부터 10년이 지난 오늘, 나는 빚 3억 5천의 파산자에서 교육사업가이자 두 권의 저자가 되었다. 돈 버는 능력이 10배 높아진 것은 덤이다.

2017년 1월 7일 토요일 아침은 내가 8년째 운영 중인 온, 오프 독서모임 타이탄 북클럽의 첫 생일이다. 처음 독서모임에 간 날, 그곳에서 전국에 500개의 독서모임을 만들어 세상을 변화시키고 싶다는 비전을 들었다. 그날 비전을 들으면서 내가 그 중 한 명이 될 것이라 믿었다. 3년간 서울로 독서모임을 다니다가 내가 거주하고 있는 인천에 독서모임을 만들었다. 사실 기대 반, 설렘 반이었다.

'나처럼 절대적인 간절함이 없는 이상 누가 아침 7시부터 독서모임에 올까?'

'아니야, 그래도 나같이 인생의 어려움을 겪느라 변화가 간절히 필요한 사람이 단 한 명이라도 있을 거야!'

두 가지 마음이 순식간에 오락가락했다. 하지만 99개의 안 되는 이유보다 독서모임을 만들기로 한 목적 두 가지가 더 분명했기에 망설임 없이 독서모임을 만들 수 있었다. 두 개의 목적은 다음과 같다.

첫째, 내가 독서모임에 가서 인생의 방향이 1도 바뀐 것처럼 단 한 명이라도 삶을 바꾸고 싶은 간절한 사람이 있다면 나도 그의 인생을 바꾸는 안테암블로(길라잡이)가 되겠다는 목적.

둘째, 나 스스로 얼마나 게으르고 쉽게 불평을 터뜨리는 사람인지 알기 때문에 독서모임에 꾸준히 나갈 수밖에 없는 환경(넛지)을 만들고 싶다는 목적.

이 두 가지 마음을 채우고자 만든 독서모임이 지금까지 8년째 운영 중인 타이탄 북클럽이다. 누구나 모든 것을 완벽하게 세팅해서 준비하는 법이 없듯, 나도 마찬가지였다. 독서모임 장소도, 장비도 모두 제로베이스인 상태에서 무작정 시작하겠다고 선언부터 했다. 더 이상 잃을 것이 없기에 포기하지 않고 반드시 성공하겠다는 간절함만이 최고의 준비물이었다.

다행히도 독서모임 첫 날 나를 포함한 다섯 분이나 함께하게 되었다. 타이탄 북클럽 첫 선정도서는 《청소력》이었다. 아무것도 모르는 아마추어 리더가 풀어 준 청소력 핵심풀이 덕분에 새해부터 우리 독서모임에는 청소 바람이 불었다.

꾸준함이 제일 무섭다더니, 비가 오나 눈이 오나 토요일 아침 7시를 사수한 덕분에 어느 새 타이탄 북클럽 독서모임은 330회가 넘어가고 있다. 초창기에 장소도 없이 카페와 교회를 전전긍긍하며 지내왔던 시절이 없었다면 지금의 독서모임 장소가 얼마나 중요한지 몰랐을 것이다.

아마추어 독서 시절, 사람들의 마음과 행동을 바꾸기 위해 책한 권을 씹어먹을 듯한 기세로 읽고 또 읽어서 핵심 강의안을 만들어 오지 않았다면 지금의 내 인생경험을 통한 통찰이 담긴 저서들은 세상에 없었을 것이다. 이 핑계, 저 핑계 대면서 독서모임을 중간에 포기했다면 지금까지 독서모임으로 맺어진 1,800명이 넘는 인연은 맺어지지 않았을 것이다. 독서모임 첫 날부터 리더가 되어 내 인생을 책임지고, 사람들의 삶을 일깨워 줘야겠다는 믿음과 실행이 없었다면 오늘의 박서윤은 존재하지 않았을 것이다. 이 모든 기반이 쌓여 10배의 부를 축적시키는 성공루틴이 되었다.

8년의 시간은 누구에게나 똑같이 흐르겠지만, 유독 내 인생의 성공 가속도가 완전히 다르게 만들어질 수 있었던 건 단언컨대 독서모임을 8년간 운영해 온 비결에 있다. 그리고 그 시작은 독서모임에 나가기로 결단하고 참석한 것에서부터 시작되었다.

감사하게도 최근에는 수많은 저자님들께서 타이탄 북클럽에서 저자강연을 해 주시겠다고 먼저 연락을 주신다. 그 동안 타이탄 북클럽에 발자국을 남겨주신 저자님들을 나열해 보니 무려 서른여섯 분이 넘는다. 켈리 최 저자님, 주언규 저자님, 박세니 저자님, 오현호 저자님, 아놀드 홍 저자님, 조연심 저자님, 조영석 저자님, 김윤나 저자님, 유근용 저자님, 전안나 저자님 등, 독서모임이 아니었다면 만날 수 없는 분들이 함께 인연이 되었다.

얼마 전 우리 독서모임을 꾸준히 나오시며 독서 내공을 쌓아오신 분들이 한 권, 두 권 책을 출간하기 시작했다. 타이탄 북클럽 독서모임 운영 8년만에 베스트셀러 저자 배출시키는 독서모임이 되었다. 앞으로 독서모임을 통해 어떤 기적들이 더 나타나게 될지 기대된다.

내가 운영 중인 독서모임을 통해 시간과 건강, 경제로부터의 자유를 얻은 삶을 누리는 분들이 점점 더 많아져 100명 이상의 자수성가 백만장자들이 탄생하길 기대해 본다.

혼자서 책을 열심히 읽고 있지만 삶의 변화가 더디게만 느껴

지는가?

내 인생을 최상위로 만들어 줄 성장 인맥을 찾고 있는가?

10배 큰 부를 갖는 최고의 성공 루틴을 만들고 싶은가?

오늘 당장, 가장 가까운 거리에 있는 독서모임에 출석하겠다
고 다짐하고 신청하라. 가장 빨리 성공할 수밖에 없는 환경과 인
연을 만나게 될 것이다.

타이탄 북클럽
온, 오프 독서모임 커뮤니티
무료 참여 해보기

3단계

10배 더 뾰족하게 빛나는 기술
〈10배 차별화〉

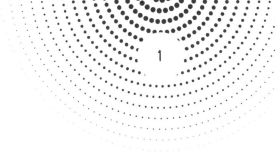

돈을 부르는
가장 강력한 원 워드

1

✒ 성공하는 사람들의 시간 '3초'

누구나 매일 행운이 찾아온다면 행복할 것이다. 그렇다면 당신은 매일 찾아오는 행운들을 잡기 위해 반드시 3초의 비밀을 알아야 한다. 한 달 동안 매일 고객을 만나 세일즈를 하는 두 사람이 있다고 하자. 어떤 사람은 단기간에 수익을 몇 배로 올리는 반면 매일 고객을 만나도 단 한 푼의 매출을 일으키지 못하는 사람도 있다. 어떤 이유 때문일까? 3초의 비밀을 모르기 때문이다.

EBS 〈다큐 프라임〉 '인간의 두 얼굴' 편에서는 재미있는 실험을 진행했다. 명동의 거리 중심가에 있는 의류 가게 쇼윈도에 한 남자가 서 있다. 통통한 몸매를 가진 그는 늘어진 청바지에 체크 남방, 덥수룩한 머리에 나이 들어 보이는 안경을 쓰고 있다. 재미있는 건 그 다음부터다. 지나가는 여성들에게 쇼윈도에 서 있는 남성에 대해 어떠한 정보도 주지 않고 오직 겉모습만 10초 이내로 관찰해달라는 미션을 준 후 질문을 해 보았다.

"저분의 직업이 무엇일 것 같으세요?"

"공장에서 기계 수리하시는 분이요."

"남자로서의 매력지수를 0부터 10까지 놓고 봤을 때 어느 정도 주실 수 있을 것 같으세요?"

"2점이요." (그녀가 2점을 준 이유는 매력이 아닌 남자이기 때문이었다.)

또 한분의 여성에게 물었다.

"저분의 직업이 무엇일 것 같으세요?"

"음식점에서 일하실 것 같아요."

단지 겉모습만 보고 내린 평가들이다. 쇼윈도에 서 있던 남자 주인공은 인터뷰 결과를 듣고 적잖은 충격을 받았다. 다음 날 같은 장소에서 청바지에 체크 남방이 아닌, 양복을 입고 서 있어 보았다. 지나가는 여성분들에게 똑같은 질문을 했다.

"저분의 직업이 무엇일 것 같으세요?"

반전이 일어났다.

"변호사나 의사처럼 보이네요. 말씀도 잘하시고 되게 논리적이실 것 같아요."

"그럼 저분의 연봉은 얼마일 것 같으세요?"

"돈이 좀 있으실 것 같고 집안이 빵빵할 것 같은데…, 억대 연봉 아닐까요?"

다른 여성의 대답을 들어보자.

"저분의 첫인상이 어떤가요?"

"첫인상이요? 갑부집 아들 같은 느낌인데요. 부티나 보이고요."

옷만 바꿔 입었을 뿐인데 매력 점수도 0~2점에서 9~10점으로 상승했다. 더 놀라운 것은 외모가 바뀌자 그 사람의 성격까지도 좋게 판단하게 되었다는 것이다.

이 실험 속에 '3초의 비밀'이 숨어 있다. 사람의 첫인상은 단 3초 안에 결정된다. 3초가 지난 후부터는 자신이 느낀 첫인상이 맞았다는 것을 정당화할 요소들을 찾아내기 위해 노력할 뿐이다. 사람들은 인지 부조화를 싫어하기 때문에 첫인상에서 받은 느낌과 맞지 않는 단서들은 아예 거부하거나 무시해 버린다.

10배 큰 부와 행운의 기회를 잡는 사람들은 기본적으로 3초의 비밀을 잘 알고 활용한다. 이것을 '초두효과'라고도 부르는데, '초두효과'란 먼저 제시된 정보가 나중에 알게 된 정보보다 더 강력한 영향을 미치는 현상을 말한다. 즉 가장 처음 보여지는 이미지가 상대방의 호감을 사고 매력을 극대화하는 데 매우 중요한 요소 중 하나라는 것이다.

당신이 만약 외면보다 내면이 더 중요하다고 생각해 외적인 매력을 가꾸는 데 소홀하다면 당신의 행운은 이미 초두효과를 활용하고 있는 사람들에게 넘어가 버리고 말 것이다.

현재 당신의 초두효과는 어떤 이미지를 남기고 있는가? 예시로 든 실험에서는 의상만 교체한 후인데도 완전히 다른 인상을 남겼다. 하지만 나는 여기에 몇 가지를 더 이야기 해 주고 싶다. 초두 효과를 알게 된 이상 당신은 3초 안에 최고의 매력을 어필할 수 있어야 한다.

✒ 돈을 부르는 아우라를 가진 사람들의 3가지 무기

우리 연구소에는 다양한 교육 프로그램이 있는데 그 중 돈 버는 능력을 10배 키워주는 '행동력' 코칭 프로그램이 있다. 행동력 과정은 총 10주간 진행되는데, 첫 주차에 반드시 하는 질문이 있다.

"내가 잘 하는 것 3가지는 무엇입니까?"

이 질문을 던지는 이유는 단 하나다. 자신의 매력을 자신 있게 표현할 수 있는지 보기 위해서다. 하지만 대부분의 분들이 당황스럽다는 듯 어색한 미소를 지으며 이렇게 말하곤 한다.

"이런 질문을 거의 받아본 적이 없어서 어렵네요."

만약 고객과의 첫 만남에서 쭈뼛쭈뼛 당황하며 자신감 없게 대답하는 모습을 고객이 본다면 어떤 생각이 들까? 자신감 근사치에도 못 간 머뭇거림에 이미 매력과 신뢰도가 뚝뚝 떨어질 것이다.

사람들은 자신감 있고 파워풀한 에너지에 매료된다. 내가 알고 있는 진실 중 하나는 '돈이야말로 에너지 그 자체'라는 것이다. 부를 쌓고 싶으면 내면과 외면의 에너지를 최고치로 끌어올려야 한다. 돈을 끌어당기는 사람들은 자신만의 아우라로 만들어진 부의 에너지가 있다. 그 에너지를 통해 상대의 마음을 사로잡는 흡인력을 만든다. 그들은 단 5분도 안 되어 상대가 매력에 사로잡히게 만드는 에너지를 뿜어낸다.

당신의 현재 모습은 어떤가? 쭈뼛쭈뼛 자신감 없는 모습으로, 혹은 에너지 없는 목소리로 돈을 더 벌고 싶다고 호소하고 있지는 않은가? 지금 당장 매력 넘치는 부의 에너지로 바꿀 수 있는 가장 쉬운 3가지 무기를 알려주겠다.

첫째, 행운은 자신감 있는 목소리로부터 온다.

목소리는 매력의 근원이다. 매력의 다른 말은 강력한 자기 확신이다. 자기 확신이 강한 사람들은 목소리에도 에너지가 담긴다. 강한 자신감과 내면의 확신이 느껴지는 것이다. 진실한 내면에서부터 뿜어져 나오는 강력한 자기 확신이 목소리에 담기는 순간 그 사람의 눈빛이 바뀌고 말이 바뀐다. 애매모호한 말이 아닌, 명확한 단어들과 정돈된 목소리 톤으로 사람들에게 신뢰를 얻는다. 이것은 전적으로 목소리가 큰 사람과는 완전히 다른 이야기다.

둘째, 성공은 진심어린 칭찬으로부터 쌓인다.

평소 칭찬을 잘 하는 사람들을 보면 늘 매의 눈으로 타인을 관찰하는 습관이 있다. 먼저 상대방에 대해 관심을 갖는 이 작은 습관 하나로 얻을 수 있는 것은 무수히 많다. 모든 사람은 기본적으로 인정 욕구를 갖고 있다. 만약 누군가 나에 대해 먼저 관심을 갖고 진심 어린 칭찬을 한다면 칭찬해 준 상대에 대한 호감도가 얼마나 상승할까?

실제로 누군가에게 피드백을 줄 때 초두 효과를 이용해 긍정 피드백을 먼저 준 후에 원하는 피드백을 주면 더 호의적으로 느낀다는 연구 결과도 있다. 그렇다면 선(先) 칭찬, 후(後) 원하는 결과 얻기도 가능하단 말 아닐까?

셋째, 가장 큰 매력 포인트는 어깨에 달렸다.

슈퍼맨의 자세를 떠올려보자. 어깨를 쭉 펴고 날아오르는 모습은 마치 온 세상을 다 가진 사람처럼 보인다. 독수리가 활주할 때 펼쳐진 날개는 또 어떠한가? 맹렬할 정도로 곧게 뻗은 날개를 보고 있노라면 세상을 지배하고자 하는 포부가 느껴진다.

지금 내 어깨는 어떤 모습인가? 힘들다고 위축되고 점점 처지고 있는가? 당장이라도 솟아오를 듯한 기세를 담아 곧게 펴져 있는가? 어느 피자 브랜드에서 만든 피자 이름으로 대신해 본다.

"어깨 피자! 꿈을 피자! 팔자 피자!"

자, 이제 3초의 비밀! 초두효과를 깨달았으니 결론으로 돌아와 질문을 바꿔야 한다.

당신의 부와 행운을 10배 끌어올릴 질문은 "어떻게 하면 돈을 더 많이 벌 수 있을까요?"가 아니라, "어떻게 하면 제 매력을 10배 더 많이 드러낼 수 있을까요?"가 되어야 한다.

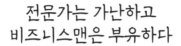

전문가는 가난하고
비즈니스맨은 부유하다

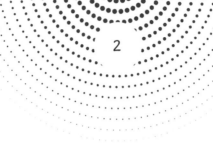

2

'장사'가 아닌 '장인'이 된 막걸리 전문가

무언가 창작해 내기 위해 심혈을 기울여 상품 또는 물건을 만드는 사람을 우리는 '장인'이라고 부른다. 장인이란 특정 분야에서 숙련된 기술자를 부르는 의미로도 사용된다. 우리나라는 특히 장인정신을 고귀한 정신으로 생각하여 전문가 그 이상의 관점으로 바라보는 경우가 많다. 그런데 장인정신은 모든 성공에 도움이 될까? 그에 대한 답을 찾는 재미있는 예시가 있다.

백종원 씨가 출연했던 프로그램 〈골목식당〉에 한 막걸리집 사장이 출현했다. 젊은 청년사장은 자신이 파는 막걸리 맛에 대한 자부심이 남달랐다. 하지만 막걸리 맛을 본 백종원 씨는 의견이 달랐다. 막걸리 재료로 사용되는 '물맛'이 이상해서 막걸리가 맛이 없다는 것이 그의 솔직한 의견이었다. 백종원 씨가 생각한 막걸리 맛의 핵심은 '좋은 물'이었다. 막걸리집 사장의 생각은 달랐다. 그는 '누룩의 발효 상태'가 막걸리의 향과 맛을 좌우한다고 생각했다. 두 사람의 의견은 좀처럼 줄어들지 않았다.

결국 백종원 씨는 전국 유명 막걸리 10종과 청년 사장이 판매하는 막걸리 2종을 더해 총 12종의 막걸리를 한 곳에 모았다. 그리고는 청년 사장과 블라인드 테스트를 진행했다. 자신이 파는 막걸리 맛에 대한 자부심이 강했던 청년 사장은 자신이 판매하고 있는 가장 향과 맛이 좋은 막걸리를 단번에 찾아낼 수 있었을까? 한 개는 맞췄지만 다른 하나는 맞추지 못했다. 블라인드 테스트를 하기 전까지만 해도 전국 어떤 막걸리보다도 자신이 파는 막걸리가 가장 향과 맛이 좋다고 했지만, 결국 블라인드 테스트에서는 자신의 막걸리가 아닌 양평 막걸리를 선택했다.

막걸리집 청년 사장과 블라인드 테스트를 마친 후 백종원 씨는 3차 블라인드 테스트를 손님들에게 해 보자고 제안해 실제로 테스트가 시행되었다. 3차 블라인드 테스트 전 백종원 씨가 청년 사장에게 물었다.

"만약 손님들이 블라인드 테스트를 해 보고 사장님이 파는 막걸리를 선택하지 않는다면 어떻게 할 것입니까?"

청년 사장의 답변은 무엇이었을까?

"제 막걸리만의 특징이니까 저는 그대로 두겠습니다. 소규모 탁주라는 것은 맛이 어떻든 그 집만의 색깔을 갖고 만들어 낸다고 생각해서 저는 대중적인 것을 따르는 것이 크게 의미가 있을까 하는 생각이 들거든요."

백종원 씨는 대중성을 포기하고 개성을 취하고 싶은 청년 사장에게 아집을 버리지 않는 한 장사가 잘되는 대중적인 솔루션을 더 이상 줄 수 없다고 했다. 청년 사장은 막걸리 '장사'를 하고 싶었던 것일까? 막걸리 '장인'이 되고 싶었던 것일까?

🖋 불편함을 팔아 고객의 마음을 얻는 이케아 비즈니스

내가 좋아하는 장소가 몇 군데 있는데 그 중 한 곳이 이케아다. 이케아는 가구 제품들을 비롯해 집에 관련된 모든 제품들을 판매하는 홈퍼니싱 브랜드다. 이케아 가구는 화려하지도 않고,

독특하지도 않고, 명품스러운 느낌도 없다. 심지어 고객이 직접 제품을 구매해 가서 시간과 에너지를 들여 하나하나 조립해야 하는 불편함과 번거로움까지 있다.

그런데 이케아 쇼룸 매장은 항상 가구와 홈퍼니싱 제품을 보러 온 사람들로 인해 북적북적하다. 유니크한 개성도 없고, 오히려 가구 조립이라는 불편함까지 추가되는 이케아에 사람들은 어떤 매력을 느끼는 것일까?

이케아 가구는 장인의 손길로 탄생되는 가구가 아니다. 그럼에도 불구하고 이케아 가구는 전 세계적으로 인기가 있다. 특히 한국 사람들에게 인기 있는 이유를 몇 가지 꼽자면 이런 점들을 들 수 있다.

1. **실용적인 디자인** : 북유럽풍의 깔끔하고 심플하면서도 실용적인 디자인
2. **가성비** : 직접 조립하는 DIY의 불편함이 있지만, 품질 좋은 목재와 상대적으로 저렴한 가격
3. **체험 매장** : 이케아의 샘플 인테리어들을 직접 체험하고 느껴볼 수 있는 쇼룸

그야말로 대중의 마음을 사로잡을 만한 비즈니스 포인트가

한껏 반영된 이케아 매장은 괜히 공룡 매장이 된 것이 아니었다. 이케아는 '단순함이 최선'이라는 철학을 바탕으로 가구 DIY의 거인으로 독특한 포지셔닝을 구축했다. 만약 이케아가 "장인이 만든 최상의 제품만 팝니다."라는 슬로건으로 가구를 판매했다면 고객의 반응은 어떠했을까?

🖋 성공하려면 비즈니스적 사고를 해야 한다

부를 이뤄가는 과정에는 3가지 기본 요소가 필요하다. 부의 **마인드셋**(Mind set), **시스템**(System), **명확한 목표**(Goal)가 그것이다. 나는 이것을 '**부의 MSG**'라고 부른다. 대부분의 사람들 중 돈을 잘 버는 사람들과 돈을 잘 벌지 못하는 사람들은 부의 MSG 안에서 차이가 생긴다.

백종원 씨와 막걸리집 청년 사장은 어떤 것에서 가장 큰 차이가 생겼을까? 그들은 목표(Goal)의 방향성이 서로 달랐다. 백종원 씨는 대중적인 막걸리 맛을 찾아 팔리는 막걸리를 만드는 것이 목표였고, 청년 사장은 개인의 취향이 한껏 반영된 가장 독특한 맛의 막걸리를 만들어 파는 것이 목표였다.

그렇다면 팔리는 상품이 좋은 상품일까? 장인이 만든 양질의 상품이 좋은 제품일까? 중요한 것은 시장을 이길 수 있는 개인은 아무도 없다는 사실이다.

세상에는 많은 전문가들이 있지만, 전문가라고 해서 모두가 돈을 잘 버는 것은 아니다. 하지만 전문가이면서 비즈니스맨이라면 이야기가 달라진다. 비즈니스맨들은 최상의 제품을 만드는 것보다 시장을 읽을 수 있는 능력과 사람의 마음을 얻을 수 있는 능력, 돈을 지불할 만큼의 가치를 증명할 수 있는 능력이 훨씬 더 빠르게 부를 얻게 해 준다는 것을 알고 있다. 그래서 전문가는 가난하지만, 전문가이면서 비즈니스 능력이 있는 사람들은 부유한 것이다.

전문가들은 세일즈 능력이 빈약하다. 비즈니스맨들은 세일즈 능력이 탁월하다. 혹시 세일즈에 대해 판매를 독촉하는 행위라고 생각하고 있다면 당신의 정체성 중 비즈니스맨으로서의 역할은 제로에 가깝다. **세일즈란** 고객이 자신의 문제를 해결하는 것에 대해 고민하고 있을 때 **고객의 눈높이와 니즈에 맞춰 결정을 돕는 가치 있는 일이다.** 비즈니스맨들은 이렇게 돈을 지불하는 것 이상의 가치를 고객이 느낄 수 있도록 만드는 능력이 뛰어나다.

당신이 10배 더 부유해지고 싶다면 전문가이면서 동시에 비즈니스맨으로 존재해야 한다. 장인정신만으로는 시장을 이길 수 없다. 오히려 시장이 원하는 것으로부터 역행해 도태되거나 사라져 버리기 십상이다. 그러니 비즈니스적 사고를 시작하라. 내가 만든 상품이 최상이 아니라 시장이 반응하는 것, 즉 팔리는 상품이 좋은 상품임을 늘 상기하고 있어야 한다.

90억 매출 사업가가 알려준
최고의 성공 스킬

3

✐ '이것'을 못하면 성공할 수 없다.

요즘 청소년들의 가장 큰 소원 중 하나는 '적일많버', 즉 '적게 일하고 많이 버는 것'이다. 사실 이 소원은 청소년뿐만 아니라 시간적 자유와 경제적 자유를 원하는 우리 모두의 소원이 아닐까?

보통 사람들은 돈을 많이 번다고 하면 일을 더 많이 해야 한다는 공식을 가장 먼저 떠올릴 것이다. 예전에는 그랬다. 돈을 더 많이 벌기 위해서는 더 많은 일을 해야 했다. 지금은 어떤 세상인가? 문서 하나, 메일 한 통으로 모든 것을 소통하고 의견을 전달하는 세상이다. 모두가 온라인과 오프라인 세상을 교차하며 살아가고 있다.

이제 더 이상 많은 노동력이나 시간 투입이 돈 버는 방법의 주가 아닌 세상이 되었다. 그렇다면 무엇이 돈 버는 능력을 압도적으로 키워줄까?

나는 하루 4시간만 일하며 연 매출 90억의 신화를 이룬 사업가 맷 그레이에게서 큰 힌트를 얻었다. 그는 어떤 일을 하는 사람이든 큰 부를 이루고 싶다면 '글쓰기 능력'을 필수로 갖추어야 한다고 말한다. 글쓰기야말로 모든 비즈니스의 근간이 되며 마케팅, 세일즈, 소통, 협업 등 모든 분야에서 글쓰기 역량이 빛나는 결과를 만든다. 실제로 큰 성공을 이룬 사람들의 공통점을 찾아보면 기록과 글쓰기 능력은 빼놓을 수 없는 필수 역량 중 하나다. 잠시, 당신에게 글쓰기 능력이 필요해진 이유와 사례를 살펴보자.

2022년 빅데이터 플랫폼 기업 〈아이지에이웍스〉가 발표한 유튜브 사용 현황 분석 리포트를 보면 한국인 10명 중 8명이 유튜브를 사용 중이며, 1인당 월 평균 시청 시간은 33시간에 육박한다는 보고가 있다. 이 리포트에 따르면 유튜브 앱의 사용자가 한국인 인구의 81%나 된다고 한다. 2022년 보고서라는 것을 감안할 때, 2년이 지난 지금은 훨씬 더 많은 인구가 사용할 것이다.

유튜브 소비자가 이렇게 많다면 당신은 유튜브 소비자들의 니즈에 맞는 영상 콘텐츠를 찍어서 생산할 수만 있다면 현재보다 10배 큰 부를 이룰 수 있다는 것을 뜻하기도 한다. 유튜브 영상을 만들 때 중요한 배경이 되는 것은 영상 스크립트다. 스크립트를 잘 쓰려면 다른 무엇보다도 사람들의 반응을 이끌어 낼 수 있는 마케팅적 글쓰기 능력이 요구된다.

뿐만 아니라 당신의 고유한 생각과 일상이 정리된 블로그나 인스타를 작성할 때도 글쓰기 능력이 있다면 관심사가 같은 사람들에게 훨씬 더 효과적으로 공감을 얻으며 접근할 수 있다. 마케팅 또는 광고를 위한 메일 한 통을 보내도 당신이 글쓰기 능력을 갖추고 있다면 메일에 쓴 글을 읽고 사람들의 행동을 곧장 촉발시킬 수도 있다. 당신이 현재 직장인이든, 1인 사업가든 돈을 더 많이 벌고 싶다면 글쓰기 능력은 이제 필수적으로 갖추어야 한다.

✒ 세상에서 가장 큰 기업 회의에 PPT가 없는 이유

세계 최대 전자상거래 규모를 자랑하는 아마존은 유독 파워포인트를 싫어한다. 화려한 파워포인트 대신 회의 때마다 A4 여섯 장 분량의 문서를 작성하여 발표해야 하는데, 아마존에서는 이 문서를 '6페이저(pager)'라고 부른다. 6페이저 문서는 해당 주제에 대해 사전 지식이 없는 사람조차도 특별한 별첨이나 추가 설명이 없어도 완벽한 이해가 가능할 만큼 쉬운 언어를 사용해 만들어져야 한다. 그래야 문서를 읽는 사람에게 파워풀한 전달력을 가질 수 있기 때문이다.

회의에 모인 직원들은 10분에서 15분 동안 아무 말도 없이 6페이저를 읽으며 완벽한 숙지를 할 수 있어야 한다. 회의 내용은 단 6페이지에 불과하지만, 작성자들은 이 글을 읽는 사람들의 이해도를 돕기 위해 더 꼼꼼하게 조사한 후 글을 쓰고, 고치고, 수정하는 작업을 수십 번 반복해야만 한다.

6페이저와 함께 아마존에서 많이 쓰이는 문서 형태가 하나 더 있다. 신문기사 글이다. 이 기사문은 새로운 사업을 시작하려고 할 때 역산 사고를 통해 사업 결과물이 세상에 나올 때 보도될 기사문처럼 거꾸로 생각하여 먼저 작성해 보는 것이다. 런칭된 사업을 기사로 가장 먼저 만나게 될 고객이야말로 사업 전반에 대한 지식이 전무하므로 고객이 글을 읽고 완벽하게 그 사업을 이해할 수 있을 만큼의 쉽고 명료한 글을 기사문으로 작성해 보는 것이다.

이러한 글쓰기 문화가 탄생된 기반에는 아마존을 세운 제프 베조스 회장의 철학이 반영되어 있다. 베조스 회장은 파워포인트 기반 회의는 청중에겐 이해하기 어렵고 발표자에게는 편리한 방식이라고 말한다. 반면 6페이저는 발표자에게는 어려울 수 있지만 읽는 사람에게는 편리한 방식임을 강조한다. 파워포인트 발표는 몇 장의 사진을 보며 듣고 흘려보내는 방식이라 각자 다른 방식으로 이해하다가 오해할 소지가 있지만, 6페이저는 자신의 생각을 온전히 녹여 활자로 남기는 방식이므로 발표자와 읽는 사람 사이에 생길 수 있는 오차 범위를 최대한 줄일 수 있는 것이다. 이것은 명확하고 간결한 전달을 중시하는 베조스의 철학이 담긴 아마존 회의 문화의 핵심이다. 이처럼 세계 최고의 기업인 아마존에서도 글쓰기 능력은 반드시 필요한 핵심 역량으로 간주하고 있다.

세계적으로 성공한 거인들의 성공 방식들을 모아놓은 《타이탄의 도구들》에서 역시 글쓰기의 능력이 중요하다는 것을 강조하고 있다. 타이탄들은 글쓰기야말로 자신의 영혼을 가시화해 놓는 것의 정수라고 말한다.

글을 쓰는 사람이 미래를 얻는다. 디지털 시대가 발전하면 할수록 글을 쓰는 사람이 기회를 얻게 될 것이다. 오늘날 큰 성공을 거두는 사람들 모두는 '말하기'와 '글쓰기'에 탁월한 실력을 갖추고 있음을 우리는 어렵잖게 발견한다. 바야흐로 그 어느 때보다도 글로 사람들의 마음을 사로잡고 변화시키는 시대가 왔다. 글의 명확성이 곧 사고의 명확성을 나타내는 지표라고 굳게 믿는다.

- 팀 페리스, 《타이탄의 도구들》 중

개인적으로 나 역시 초등학교 시절부터 일기를 즐겨 쓴 덕분에 책 쓰는 것이 전혀 부담스럽지 않을 만큼 글 쓰는 것을 좋아하게 되었다. 이제 당신도 글 쓰는 능력을 필수로 갖춘 황금 날개를 키워야 한다. 글에 생명력을 불어 넣을 수 있는 사람이 부를 지배하는 세상이 된 것은 이미 모두가 알고 있는 사실이다. 또한 중요한 것은 '아는 것'이 아니라 '하는 것'임을 당신은 잘 알고 있다. 매일 단 한 줄이라도 글로 내 생각을 표현하는 습관을 만들어라.

마지막으로 타이탄들의 글쓰기 소재들을 기반으로 나만의 글을 써 내려가 보라. 만약 이 책을 읽고 글쓰기를 시작했다면 나에게 인증 메일 또는 인스타 아이디를 링크해 두기 바란다. 여력이 되는 한 당신의 멋진 시도를 축복하는 답글로 기꺼이 기쁨을 함께할 테니 말이다.

소피노자 박서윤

메일 : philspring@naver.com

인스타 아이디 : @philspring_nature

@sophinoza

타이탄의 글쓰기 소재들 (타이탄의 도구들 참고)

- 자신의 실수를 깨달았던 일에 대해 써라
- 힘들게 깨우친 교훈 한 가지에 대해 써라
- 장소에 어울리지 않는 옷차림을 하고 있었던 일에 대해 써라.
- 끝까지 찾지 못한 잃어버린 물건에 대해 써라.
- 올바른 일을 했다는 사실을 깨달았던 경험에 대해 써라.
- 기억나지 않는 일에 대해 써라.
- 최악의 교사였던 사람에 대해 써라.
- 신체적 부상을 입었을 때에 대해 써라.
- 끝이라는 것을 알 수 있었던 때에 대해 써라.
- 사랑 받는다는 것에 대해 써라.
- 길을 찾은 경험에 대해 써라.
- 타인에게 친절을 베푼 일에 대해 써라.
- 할 수 없었던 일에 대해 써라.

당신을 순식간에 1등으로 만드는 법

4

🖊 불평 속에 기회가 숨어 있다

자수성가 한 부자들이 쓴 책에 보면 반드시 들어있는 키워드가 있다. '감사'다. 감사가 중요하다는 것은 유치원 때부터 거의 세뇌당하도록 들어왔던 것인데, 어째서 부자들은 다 알고 있는 사실을 계속해서 말하는 것일까? 그 이유가 늘 궁금했다. 하지만 부자들이 감사하라고 반복해서 말할 수밖에 없는 이유는 나의 하루만 잠시 돌아봐도 쉽게 찾을 수 있다.

오늘 당신이 무심코 사용한 말 중에는 "~하고 싶어"라는 말이 많은가? 아니면 "~가 있어서 감사하다"는 말이 많은가? 누릴 것이 있음에 감사한 것보다, 없는 것을 얻어내기 위해 바쁜 시간을 보낸 순간들이 훨씬 더 많았을 것이다. 갖고 싶은 것을 위해 사느라 감사할 것들이 어느 순간 잊혀진 채로 사는 것에 더 익숙한 것이 우리의 일상이다. 하고 싶은 것이 넘쳐나는 일상에서 감사하는 습관을 유지하는 것은 결코 쉽지 않을 것이다.

내가 이 이야기를 하는 의도는 바로 여기에 당신을 1등으로 만들어 줄 기회가 숨어 있기 때문이다. 당신도 알겠지만, 시간과 돈, 그리고 노력이라는 대가를 지불해야 누릴 수 있는 것들이 많다. 그뿐인가? 사람들은 현실에 놓인 수많은 급한 일들을 처리하느라 정작 하고 싶은 것, 갖고 싶은 것들을 다 하면서 살 수 있는 여유가 없다. 그렇다 보니 감사보다는 불평, 불만이 훨씬 더 많이 생기는 것이다. 하지만 누가 내 문제를 해결해 줄 수 있는지 잘 알지 못한다. 해결사를 찾지 못했기 때문에….

우리의 일상에서 문제들은 매 순간 발생한다. 돈 문제, 인간관계 문제, 건강 문제 등 수많은 크고 작은 문제들이 불쑥 불쑥 튀어나올 때마다 불편함을 느낀 사람들은 불평하고 불만을 터뜨리는 방법으로 해결하고자 한다. 기껏해야 주변 지인들에게 자신의 현실에 부딪힌 문제들로 인한 속상함을 토로하는 것이 할 수 있는 최선의 해결방식이라고 여기기 때문이다. 하지만 당신은 그것이 엄청난 기회라는 것을 알아야 한다.

만약 주변을 지나다가 불평하는 사람을 만나면 감사하라. 당신의 삶에서 문제를 발견했다면 그 또한 감사하라. 엄청난 성공의 발현점이 될 수 있으니 말이다. 이 기회를 잘 포착해 성공의 씨앗을 심는다면 당신은 순식간에 1등의 삶을 살 수도 있다. 이제 그 방법을 알아보자.

✒ '펭귄 프라블럼'으로부터 탈출하라

사람들은 인생의 주기에 따라 크고 작은 문제에 맞닥뜨리게 된다. 문제가 발생하는 순간 마치 백마탄 왕자님이라도 나타나 자신이 가진 인생의 문제를 해결해 줄 것을 기대하며 해결사를 찾기를 원한다. 하지만 사람들에게는 시간과 비용이 한정되어 있다. 유한한 시간 안에서 내 문제를 해결해 줄 전문가를 찾아야 하기 때문에 2, 3등이 아닌 1등을 찾고 싶어 한다. 문제는 그 다음이다. 누가 자신의 문제를 가장 잘 해결해 줄 1등 전문가인지 구별하는 것이 쉽지 않다는 것이다. 이런 문제를 '펭귄 프라블럼(The Problem with Penguins)'이라고 한다. 많은 전문가들을 검은 펭귄이라고 한다면, 모든 펭귄이 다 똑같아 보이기 때문에 사람들은 자신이 찾는 1등 문제 해결사가 누구인지 알아보지 못하는 것이다.

이때 당신이 1등이 되고 싶다면 당신의 가장 큰 의무는 모두가 똑같아 보이는 펭귄 무리 속에서 탈출해 유일한 존재로 거듭나는 나만의 포지셔닝을 새롭게 구축하는 것이다. 그래야만 사람들이 자신들의 불평, 불만을 해결해 줄 유일무이한 1등 전문가로서 당신을 찾게 될 것이기 때문이다. 어떻게 해야 똑같은 검은 펭귄 무리로부터 탈출해 유일하고 압도적인 1등이 될 수 있을까?

내가 추천하는 최고의 방법은 '**저자가 되는 것**'이다.

저자가 된다는 것은 자신이 어떤 사람인지, 어떤 문제를 해결해 줄 수 있는지를 단번에 알릴 수 있는 최고의 무기를 가지는 것과 같다. 당신이 이 책을 펼치게 된 이유는 돈을 더 많이 벌 수 있는 방법은 무엇이 있는지 알고 싶어서일 것이다. 실제로 나는 그 방법에 대해 많은 연구를 했고, 부자들을 인터뷰 했으며, 무려 10년간 사람들의 돈 버는 방식을 코칭해 주고 있다. 내 책을 읽은 사람들은 내가 어떤 분야의 전문가인지 즉시 알 수 있을 것이다. 책이야말로 문제를 해결하고 싶은 고객과 전문가가 가장 빨리 연결될 수 있도록 돕는 촉매이자 최고의 영업사원이다.

실제로 나는 첫 아들을 힘들게 출산한 후 둘째, 셋째의 출산을 좀 더 신중하게 하기 위해 서점에 가서 임신과 출산 분야의 책을 읽었다. 그 중 한 권이 《히프노버딩》이라는 책이었고, 그 책을 읽고 난 후 히프노버딩 저자가 운영하고 있는 병원에서 자연주의 출산을 했다. 지금도 그 책을 읽고 자연주의 출산을 선택한 건 내 인생 최고의 행운 중 하나로 남아있다. 그 책을 만나지 못했다면 내 인생 최고의 축복 중 하나였던 자연주의 출산을 경험해 보지 못했을 것이다.

✒ '진정성'과 '차별성', 두 마리 토끼를 잡아라

책은 당신을 순식간에 그 분야 1등 전문가이자 업계의 신으로 승격시킨다. 책 한 권을 집필하기 위해 얼마나 많은 책과 연구 자료들을 공부해야 하는지 저자가 되어 본 사람들은 알 것이다. 일 년에 50권의 책만 읽어도 박사 학위 이상의 지식 데이터를 쌓을 수 있다고 하는데, 책 한 권을 집필하기 위해서는 그 이상의 역량과 에너지, 성과가 필요하다. 그러므로 당신은 저자가 되기 시작하면서부터 펭귄 프라블럼 문제를 일순간에 해소할 수 있게 된다. 오히려 당신이 필사적으로 채우기에 급급했던 이력서 한 장보다 10배 파급 효과가 좋은 것이 바로 '저자'라는 스펙이다.

또 저자가 됨으로써 당신은 이미 '진정성'과 '차별성'을 갖춘 문제해결사가 된다. 사람들은 책 한 권에 담긴 당신의 스토리를 읽고 감정을 이입하기도 하고 감동과 인사이트를 얻기도 한다. 나와 같은 문제더미들 속에서 어떻게 해결해 나갔을까 하는 궁금증을 안은 채 책을 읽다보면 저자가 던져주는 수많은 힌트들을 통해 문제를 해결해 나갈 힘과 용기를 얻는다.

나는 이것이 '진정성의 힘'이라고 생각한다. 진심으로 집필된 책 한 권은 읽는 사람의 인생을 통째로 바꾸기도 한다. 읽는 사람의 마음을 흔들고 생각을 전환해 더 나은 방향으로 바꿔주는 강력한 진정성의 에너지가 담긴 책 한 권이야말로 최고의 위로자이자 가장 든든한 우군이 될 수 있다.

그뿐인가? 책 속에는 당신만이 갖고 있는 최고의 필살기가 활자에 포장되어 생생하게 살아 숨 쉰다. 독자들의 시간과 비용을 아껴주는 필살기까지 책 속에 담겨 있다면 그야말로 탁월함과 유일함을 빛내줄 최고의 무기가 아니고 무엇이겠는가?

개개인의 삶 속에는 유일한 스토리와 자신만의 강점을 기반으로 만들어진 내공이 담겨 있다. 그리고 어떤 사람들은 그 내공이 담긴 필살기로 자신의 인생 문제를 해결해 주기를 기다리고 있다. 그러니 늦추지 말고 저자의 꿈을 실현하라. 고객의 문제를 빠르게 해결해 줄 해결사이자 업계의 신이 되어 세상에 공헌하는 것을 자처하라. 앞서 말했듯, 10배 더 주목받는 자가 자본을 지배하는 세상에 살고 있다는 것을 기억하라.

당신의 이름은 몇 개인가?

나는 저자가 되면서 새로운 필명을 하나 더 얻게 되었다. 내 필명은 소피노자다. 소피는 '지혜'를 뜻하고, 노자는 노자 사상을 좋아해서 붙여 놓은 것이다. 심지어는 이름과 필명이 불릴 때마다 가슴 뛰도록 행복함을 느낀다. 내가 살아가야 할 이유, 내가 이 일을 하는 모든 이유가 내 필명에 압축되어 있기 때문이다.

저자가 되면 많은 사람들과 만나 소통할 수 있는 기회가 지속적으로 만들어진다. 특히 온라인 세상이 발달된 요즘은 저자로서 새로 탄생한 필명으로 활동하는 사람들도 많다. 필명에는 나만의 캐릭터 정체성이 뚜렷하게 새겨진다. 이 캐릭터가 탄생하기 위해서 해야 할 일이 있다. 바로 빼기의 달인이 되는 것이다.

당신이 할 수 있는 것은 적게는 수십 가지에서 많게는 수백 가지에 이를 것이다. 요리, 청소, 글쓰기, 대화법, 운동, 건강 등 여기에 기록하지 못한 카테고리까지 망라한다면 무수히 많다. 캐릭터를 확실하게 하고 싶다면 이 여러 가지 능력을 빼내야 한다. 빼고, 빼고, 빼고 뼈대만 남을 때까지 뺀 것이 바로 당신만의 유일한 캐릭터가 된다. 그것이 가장 효율적으로 사람들을 도울 수 있는 무기이자 필살기가 된다. 그런 필살기를 드러내기 위해 필명을 만들어본다면 사람들은 당신을 유일한 존재로 바라보게 될 것이다.

캐릭터를 명확하게 하고 필명을 정하는 것으로 그치면 안 된다. 당신은 반드시 그 캐릭터가 어떤 무기를 갖고 있고, 어떻게 활용하면 좋은지를 고객에게 적극적으로 알려야 한다. 그 최고의 방법이 '저자'가 되는 것이다. 저자가 되어 여전히 불평을 늘어놓는 사람들을 만나고 도와주어라. 그곳에 10배 더 큰 부와 행운이 기다리고 있다. 그리고 그런 인생으로 만들어 나갈 때 당신의 입에서 가장 진실된 감사가 흘러나올 것이다.

이 책을 읽고 베스트 셀러의 꿈을 꾸게 될 당신의 존재를 유일하게 만들어 줄 7가지 질문을 첨부해 본다. 당당히 저자로서 업계의 신이 되어 만나길 응원한다.

〈당신을 유일한 존재로 다시 태어나게 해 줄 7가지 질문〉

1. 내가 경험한 유의미한 에피소드나 스토리 3가지를 꼽는다면 무엇인가?

2. 사람들은 나에 대해 어떤 것을 궁금해 하고 질문하는가?

3. 내가 주로 관심 가는 주제나 분야는 어떤 것인가?

4. 내가 가진 지식 자산, 인맥 자산은 어떤 것이 있는가?

5. 내 꿈을 가로막는 방해물은 무엇이 있었으며, 나는 그것을 어떻게 극복(해결)했는가?

6. 최상의 자신을 만들기 위해 내가 하는 특별한 루틴이나 의식이 있다면 무엇인가? 그것이 사람들에게 어떤 도움

이 되는가?

7. 내 인생에서 최고로 보람되고 기쁜 순간은 언제였는가? 사람들에게 그러한 기쁨을 나누고 싶다면 어떻게 도울 수 있을까?

이 질문들에 대한 답을 기반으로 내가 저자가 된다면 어떤 책을 쓰고 싶은지 떠올려보자. 그리고 내가 직접 쓴 책을 읽고 한 사람의 인생이 바뀌어 나에게 감사 인사를 건넨다면 어떤 마음이 들지 느껴보자. 그 기분을 느끼기 위해서라도 저자가 되어 보는 것은 어떤가?

10배의 부와 행운을 끌어당기고 싶다면 권위 있고 유일무이한 전문가로서 사람들 앞에 모습을 드러낼 수 있어야 한다. 당신은 당신이 가진 고유의 무기를 알릴 책을 쓸 수 있는가?

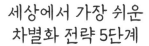

세상에서 가장 쉬운
차별화 전략 5단계

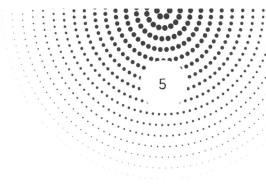

5

"치킨은 살 안 쪄요. 살은 내가 쪄요."

"수육했어. 오늘도"

"아빠 힘내세요. (사골국물) 우리고 있잖아요."

매 년 고객들의 창의성을 마음껏 발휘하도록 이끌어 주며 고객의 뇌리에 박힌 배달 브랜드가 있다. 이 브랜드는 'B급 문화'라는 독특한 슬로건을 바탕으로 배달업계와 외식업계의 판도를 바꿔놓았다. B급 문화라는 차별화 전략을 당당히 내세워 "우리가 어떤 민족입니까? 배달의 민족 아닙니까?"라는 광고로 배달업계 절대적 우위를 점령한 이 브랜드의 이름은 우아한 형제들, 김봉진 대표가 만든 '배달의 민족'이다.

배달의 민족은 우후죽순 생긴 배달앱 사이에서도 역대급 실적을 이어가고 있다. 2년 연속 역대 최대 흑자를 기록하며 24년 3월 29일자 기준으로 매출액이 3조 4155억 원으로 전년 대비 15.9%나 증가했다. 코로나 이후 성장세가 대폭 줄어든 배달 서비스 현상들을 역주행하고 있는 배민의 성장 치트키는 무엇일까?

배달의 민족은 일방적 기업의 배달 서비스가 아닌 'B급 문화'라는 차별화 전략을 활용해 고객을 참여시키는 '문화'를 창조했다. 다양한 이벤트 참여를 유도하며 고객과 함께 소통하는 커머스 문화를 탄탄하게 구축했다. 자신들만의 고유한 차별화 전략을 바탕으로 고객을 고객으로만 남긴 것이 아니라 고객 이상의 의미를 담은 팬덤 문화를 만든 것이다. 배달의 민족 특유의 B급 감성은 고객에게 유니크하고 독창적으로 느껴지기에 충분했다. '배민 신춘 문예', '배민 떡볶이 마스터즈' 등 그야말로 고객의 취향 저격을 통해 배민 이용 고객과 즐겁게 노는 문화를 만든 것은 최고의 차별화 가치를 만들어 내기에 충분했다.

차별화는 누구에게나 필요하다. 그중 팬덤 문화를 구축하는 것은 최고의 차별화 전략 중 하나다. 고객이 아닌 팬이 된다면 더욱 강력한 부를 흡수할 수 있게 된다. 누구나 할 수 있는 것이 아닌, 나만의 독특함을 살려 차별화 전략을 만드는 것은 누구나 할 수 있는 일일까? 당연히 가능하다. 가장 기본이 되는 5단계 차별화 전략을 활용한다면 당신도 팬덤 문화를 만드는 주인공이 될 수 있다.

1단계 : 당신만의 스토리를 만들어야 한다

스탠퍼드 대학교에서는 스토리를 비즈니스의 중요한 요소로 여긴다. 스토리 자체가 기업의 이미지를 대표하고 브랜드의 인지도를 확장하며 고객과의 관계를 구축하는 원동력이 되기 때문이다.

특히 스토리는 사람의 마음을 움직이게 하는 데 큰 영향을 끼친다. 그 이유는 스토리가 가진 3가지 특성 때문이다. 하나는 기억에 잘 남는 것이고 둘째는 **시각 자료나 수치화보다 강력한 인상을 주며**, 마지막 셋째는 **사람의 마음과 감정을 동화되게 만들기 때문이다.**

최고라고 자부할 만한 회사의 '사명(mission)'과 '스토리(story)' 중 어떤 것이 더 힘이 셀까? 정답은 항상 스토리가 이긴다. 사람은 이성이 아니라 감정에 의해 선택이 좌우되기 때문이다. 그러므로 차별화 포인트를 갖고 싶다면 당신은 가장 먼저 뛰어난 스토리텔러 능력을 갖춰야 한다. 어떤 멋진 문구를 가져와도 스토리텔링을 하지 않는다면 사람들의 머릿속에서 순식간에 잊힐 것이다. '멋진 슬로건 한 줄'이 아니라 '훌륭한 스토리 하나'가 10배, 아니 100배 더 파워풀한 인상을 남긴다.

2단계 : 최상의 이득을 보여주어야 한다

대부분의 전문가들은 자신이 판매하고 있는 상품의 질을 높이는 데 급급해 정작 사람들이 진정으로 원하는 것을 놓칠 때가 많다. 사람들에게 최상의 만족을 주기 위해서는 그들이 진짜 원하는 것이 무엇인지부터 알아야 한다. 사람들의 진짜 니즈가 아닌, 나 자신이 하고 싶은대로 하는 것에 초점을 맞추는 것은 목적지를 상실한 배를 운전하는 것과 같다. 사람들과 유의미한 관계를 맺고 최상의 전문가로 돋보이고 싶다면 그들이 원하는 것이 무엇인지 명확하게 파악하는 데서부터 시작해야 한다. 당신이 돕고 싶은 사람들이 원하는 최상의 이득은 무엇인가?

3단계 : 탁월해지고 싶은 욕구를 자극해야 한다

매슬로우의 5단계 욕구 피라미드 최상단에는 '자아실현의 욕구'가 있다. 사람들은 누구나 자신이 상상한 최고의 모습대로 살기를 꿈꾼다. 하지만 현실이라는 허들에 부딪히다 보면 자신이 어떤 삶을 살기를 원하는지, 무엇 때문에 성공하고자 하는지 의

미조차 잊어버릴 때가 많다. 이때 당신의 역할은 사람들이 자신의 정체성을 변화시키고 비전을 통한 길을 제안하는 것이다. 사람들의 행동을 바꾸는 유일한 방법은 정체성을 바꾸는 것이다. 진심 어린 코칭을 통해 원하는 삶을 살 수 있는 정체성으로 내면을 변화시킨 후 최고의 삶을 살고 있는 미래의 나를 볼 수 있도록 비전을 그려주어야 한다. 그것이 타인에게 줄 수 있는 최고의 선물이며, 사람들의 행동을 건강하게 촉발할 수 있는 유일한 방법이다.

4단계 : 코치로 존재해야 한다

사람의 의지력에는 한계가 있다. 또한 스스로 잘하고 있는지, 잘 못하고 있는지 메타인지를 하기가 쉽지 않다. 그렇기 때문에 혼자만의 힘으로는 목적지까지 가는 것이 쉽지 않다. 내가 원하는 방향으로 나를 이동시키려면 반드시 나보다 한 발 앞선 코치의 지혜가 필요하다. 세상의 성공한 사람들은 모두 코치의 도움을 받아 더 빠르고, 더 효율적으로 원하는 목표에 도달했다. 그러니 당신도 당신만의 차별화된 재능과 강점을 기반으로 누군가의 코치가 되어 주어야 한다.

코치의 가장 중요한 역할은 해답을 제시하지 않고 질문을 던져 내면의 답을 스스로 찾을 수 있도록 돕는 데 있다.

가장 기초가 되는 코칭 질문 5단계 질문을 통해 코칭 능력부터 키워보자.

> ▶ **관계형성** : 오늘 컨디션이 어때요?(미소, 인사, 칭찬)
>
> ▶ **목표발견** : 이루고 싶거나 해결하고 싶은 것이 있다면?
>
> ▶ **상황인식** : 현재 처한 상황은 어떤가요?
>
> ▶ **대안도출** : 그럼에도 불구하고 이룰 수 있는 대안이 있다면 무엇이 있을까요? … 또? … 또? … 또?
>
> ▶ **실행/점검** : 먼저 실행해 보고 싶은 것은 무엇이 있을까요?(질문 후 경청하고 요약해서 확인한다.) 언제 하시겠어요?
>
> ▶ **관계형성** : 어떤 점이 가장 좋으셨어요? (지지, 격려, 응원)

5단계 : 커뮤니티의 장이 되어 문화를 구축해야 한다

사람들은 외로움을 좋아하지 않는다. 자신과 같은 생각을 다른 사람과 함께 교류하며, 그들과 지적 자극을 통해 서로 성장하는 것을 원한다. 같은 관심사를 가진 사람들의 무리 속에 있을 때 안정감을 느낀다. 또한 함께 성장하는 커뮤니티에 연결되어 있을 때 의미 있는 존재가 되기 위해 노력한다. 당신은 이러한 커뮤니티를 구축해 운영할 수 있어야 하며 단순히 커뮤니티 안에서 돈을 버는 목적이 아니라 그들의 진짜 성장을 도모하기 위한 열정과 헌신, 이타주의가 동반되어야 한다. 무엇보다 솔선하는 커뮤니티 리더로 존재할 수 있어야 한다. 그렇지 않으면 얼마 못 가 커뮤니티는 신뢰를 잃고 금방 무너져 내릴 것이다.

이 모든 단계는 고객이 아닌 팬덤 '문화'를 구축하는 것을 기반으로 하고 있다. 마케팅의 거장 '세스 고딘'은 마케팅이란 '고객이 감정과 꿈에 한걸음 더 다가갈 수 있는 감정과 유대감을 파는 것'이라고 말한다. 10배의 부를 불러 모으려면 당신만의 차별화를 위해 상품을 판매하는 것이 아닌, 성장의 '과정'과 '맥락'을 팔아야 한다. 고객을 팬으로 만들고 팬들과 함께 성장하며 그들의 꿈에 다가가는 매 순간 재미와 의미를 찾을 수 있도록 도와주어야 한다. 그것이 가장 강력하게 차별화되고 파워풀한 성공의 법칙이다.

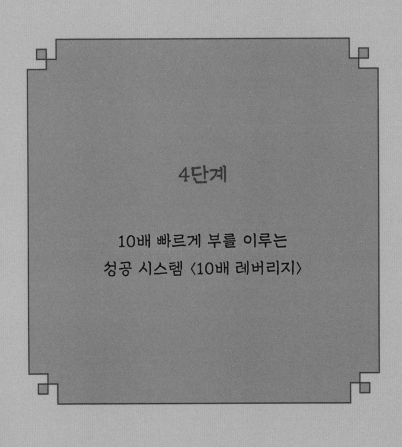

4단계

10배 빠르게 부를 이루는
성공 시스템 〈10배 레버리지〉

'무엇을' '어떻게' 보다
10배 더 중요한 질문

1

헛바람 든 사업가의 방향 오류

사업을 하는 동안 사업가는 늘 딜레마에 빠진다. 사업의 규모를 키우고 매출을 높이자니 리스크도 함께 커진다. 그렇다고 리스크 발생을 줄이기 위해 안주하자니 매출이 순식간에 곤두박질치는 것 또한 순식간이다. 10년째 사업가의 삶을 살면서 깨달은 진실이 하나 있다면 사업가는 계속해서 질문을 던지고 리스크에 베팅해야 한다는 것이다. 모든 것이 정해지지 않은 확률게임을 하고 있기 때문이다.

매 달 말일이 되면 매출과 지출 사이의 줄다리기가 시작된다. 고용된 자가 아니기에 스스로 수입을 만들어 내야 하는 압박과,

사업 운영에 필요한 자금들을 마련해 나가야 하는 심적 부담은 직접 경험해 보지 않으면 알 수 없는 고통이다. 이런 상황에서 원하는 만큼의 매출이 나오지 않으면 조급함까지 생겨 악수를 둘 때가 많다.

하지만 이런 시행착오들을 겪으며 사업가의 내공은 점점 더 강력하게 쌓인다. 하루하루 살얼음판 같은 세상에서 매 순간 넘어지면서도 스스로 선택하고 책임지는 삶을 살아내는 것은 사업가들의 위대한 즐거움이다.

교육 사업을 시작한 초창기에 빠르게 규모를 키우고 싶었다. 번듯한 사업장에 직원까지 고용하고 있는 사업가라면 남들이 보기에 얼마나 부러워 보일까? 하루 빨리 내가 진짜 성공한 사람이라고 말해주고 싶었다. 하지만 성공의 진실은 그와 정반대편에 있었다. 성공에 취하는 순간 망한다고 했다. 사업장의 규모를 키우고, 직원에게 모든 것을 맡기고 태만한 경영을 하는 대표의 미래는 말하지 않아도 알 수 있을 것이다.

사업한 지 얼마 되지도 않은 새내기 사업가였던 나는 단단히 헛바람이 들었다. 직원을 고용하고, 연구소에 잘 출근하지 않기 시작했다. 막연히 '잘 되겠지…' 하는 믿음과 함께 모든 것이 순조로울 것이라 근거 없는 확신을 했다. 도대체 어디에서부터 그런 자만이 싹트기 시작한 것일까? 이미 시작된 자만심은 브레이

크를 걸 수 없을 정도로 커져만 갔다. 매일 아침 질문을 던졌다.

'오늘은 얼마나 더 규모를 키워볼까?'

'오늘은 어떻게 매출을 더 극대화할 수 있을까?'

내실은 없고 바람만 잔뜩 들어 있으니 내 머릿속에서는 매일 허공을 떠다니는 질문들만 흘러나왔다.

얼마나 시간이 흘렀을까? 회사 잔고에 점점 빨간불이 들어오기 시작했다. '버티다 보면 잘 될 거야!'라고 위안을 삼기엔 너무나 심각한 재정상태였다. 그제서야 내가 가는 방향성에 대한 자각이 들기 시작했다. 회사 경영에 대한 경험과 지식이 전무한 직원들만 믿고 경영이 순조롭게 될 것이라 생각한 내가 가장 최악의 사업가였다.

인간은 성찰 없이 앞으로 나아갈 수 없다. 비즈니스 철학과 실력이 아닌, 탐욕으로 사업을 하려고 했던 나를 보니 절로 웃음이 나왔다. 통장 잔고를 확인한 그날, 나는 미안한 마음과 함께 눈물을 삼키며 직원을 돌려보내야 했다.

✒ 자각, 원점에서부터 다시 시작된 질문

모든 것을 내려놓고 원점에서 나 자신을 성찰해 보았다. 그리고는 깨달았다.

'내 질문이 틀렸구나!'

나는 '무엇을'과 '어떻게'에 모든 포커스를 집중하고 있었던 것이다. 성공한 사업가들의 비밀은 무엇일까 하는 궁금함을 갖기 시작한 나는 꾸준한 성찰과 배움을 통해 그 해답을 드디어 찾았다. 비즈니스 성공의 관건은 '어떻게'가 아니었다. '누구와 함께 하느냐'에 달려 있었다. 머리를 세차게 한 대 맞은 느낌이었다. 사업 초창기에 '누구와'를 질문하지 않고 '어떻게 규모를 키울 수 있을까?'에 초점을 맞추다 보니 함께 성공을 도모할 인재를 찾는 것이 목적이 아니라 직원 몇 명을 채용하는 것이 목적이 되어 버린 것이다.

떠올려보면 나도 어려움이 있을 때 누군가를 찾아 도움을 요청하곤 했다. 방법을 찾으려면 내가 하나부터 열까지 다 찾아야 하지만, 전문가를 찾으면 내가 아니어도 더 좋은 퍼포먼스를 창출할 수 있는 것은 당연한 결과였다. 그렇다. '누구와'라는 질문은 사업 레버리지의 핵심 중 핵심 질문이었다.

이 사실을 깨닫자마자 사업의 구조와 방향을 완전히 바꾸어 버렸다. 이제 나는 '어떻게'를 질문하는 날이 그리 많지 않다. '누구와'를 10배 더 많이 질문한다.

'어떻게 매출을 10배 높일 수 있을까?'를 질문할 때보다 '누구와 매출을 10배 높일 수 있을까?'를 질문할 때 더 큰 생산성이 도출된다. 특히 굵직한 결정과 판단력을 수시로 요구받는 사업가의 일상에서 '어떻게'가 아닌 '누구와'의 질문은 당신으로 하여금 시간적 자유와 창의적 업무능력을 키울 수 있게 해 준다. 내가 질문의 방향을 바꾼 후 생긴 변화들을 몇 가지 나열해 본다면 금방 이해할 수 있을 것이다.

- 직원이 아닌 전문가와의 협업 체계로 매출의 구조가 시스템화되었다.
- 파트너들이 해야 할 일을 완전히 위임함으로써 오직 나만이 할 수 있는 업무에 더 몰입할 시간이 많아졌다.
- 월급을 주는 일이 없어 회사 매출이 극적으로 늘어났다.
- 직원은 업무 지시를 기다리는 수동성을 갖지만 파트너는 자발적으로 자신의 능력을 향상시키고 협업에 필요한 기술들을 스스로 익혀 실력을 키운다.
- 고용과 해고에 대한 고민이 없다.
- 모든 파트너가 CEO처럼 생각하고 일하기 때문에 마스터 마인드가 잘 형성된다.

우리 연구소에는 현재 서로의 실력을 끊임없이 성장시키며 협업하는 성공파트너들이 계속해서 증가하고 있다. 누구보다 우리 회사에 애정이 있고, 서로에 대한 신뢰가 형성되어 있다. 회사 잔고가 경고등을 켜 준 덕분에 나는 사업가에서 기업가로 발돋움 중이다. 물론 더 이상 태만한 사업은 없다. 나는 매일 현장에서 존재한다. 그렇게 해야 함께하는 파트너들도 같은 상황에서 같은 선택을 할 것이라는 것을 알고 있기 때문이다. 앞으로 100명의 파트너가 나와 함께 멋진 비전을 이루어가는 꿈을 상상한다. 매일 나의 비전에 가슴 뛰며 협업하고 성과를 만들어 갈 파트너를 찾고 있다.

당신이 꿈꾸는 것이 무엇이든 10배 더 큰 부와 성공을 원한다면 방법이 아닌 '사람'을 찾는 것에 집중하라. 당신은 어떤 사람들과 함께 성공을 꿈꾸고 싶은가? 당신의 메시지에 반응하고 공명해 줄 사람은 어디에 있는가?

착한 리더가 아닌
권력자가 되어라

2

✒ 착한 리더가 성공하지 못하는 이유

어렸을 때 특히 많이 들었던 말 중 하나가 "착하다"라는 소리였다. 어렸을 때는 착하다는 말을 들어야 내가 행동을 잘 하고 있다는 생각이 들었다. 어느 날 문득 내가 '착하다'의 의미를 왜곡해 잘못 해석하고 있는 것은 아닐까 하는 의구심이 들기 시작했다. 착해야 한다는 강박 때문에 점점 내 생각이 아닌 다른 사람의 생각대로 맞춰 살려고 노력하는 내 모습을 알아채기 시작한 순간의 깨달음이었다.

우리나라 문화의 단면에는 특히 성공하려면 착해야 한다는 강박에 빠질 정도로 착하다는 말을 잘못된 칭찬의 의미로 사용하고 있다.

'착하다'의 원래 뜻은 어떤 의미를 품고 있을까? 국어사전에서 '착하다'의 뜻은 '언행이나 마음씨가 곱고 바르며 상냥하다.'라고 표기되어 있다. 하지만 현실에서 착하다는 의미는 '말을 잘 듣는다. 잘 따른다.'는 의미로 더 많이 사용되는 듯하다.

10배 차이를 만드는 성공으로 가는 길에서 '리더십'은 중요한 핵심요인이다. 그런데 착한 사람이 리더가 된다면 탁월하게 조직을 이끄는 리더십을 발휘할 수 있을까?

수천억 자산가이자 스노우폭스 기업을 만든 김승호 회장은 그렇지 않다고 말한다. 착한 사장은 오히려 착하기 때문에 사업에 실패한다고 한다. 착한 사장은 본능적으로 직원이나 타인에게 좋은 사람으로 보여야 하는 강박에 사로잡혀 있기 때문에 거절을 못하고, 명확하게 잘못된 것을 지적하는 것을 어려워한다. 때문에 사장과 직원의 입장이 주객전도되어 쉽게 망한다고 한다.

멀리 갈 필요 없이 주변을 살펴보자. 평소에 착한 사람이라는 이미지를 강하게 갖고 있는 사람 중에 이래도 저래도 항상 "하하호호" 웃기만 하며 좋은 사람처럼만 보이려고 하는 인물이 떠오르는가? 매 순간 착한 리더가 되기 위해 강력한 행동이나 리더십을 발휘하지 않아 기꺼이 손해를 봐도 그냥 보아 넘기는 리더가 탁월한 성과를 지속해서 만들 수 있을까? 적어도 내 주변에서는 그렇지 않았다. 오히려 그런 성향을 가진 리더와 함께 일하고 있는 조직원들이 착한 리더를 따라야 하나 말아야 하나 내심 속으로 고민하며 어려워하고 있을지 모른다.

탁월한 성과를 내지 못하는 착한 리더들에게는 몇 가지 공통점이 있다.

첫째는 자기를 낮추는 발언에 훨씬 익숙하다. 이런 메시지는 리더에게 독이 된다. 자기 자신을 낮추는 것이 겸손이라고 착각하는 리더가 이런 실수를 자주 하지만 이것은 오히려 다른 사람들에게 나약하게 보이는 약점 포인트가 된다.

둘째는 확언이 아닌 질문형을 사용하는 비중이 높다. 유능한 리더의 핵심은 '자신감' 그리고 '명철한 판단력'에 있다. 좀 더 부드럽고 착한 리더처럼 보이기 위해 리더의 유능함은 숨기고 질문을 던져 사람들의 의견을 듣다 보면 오히려 질문의 의도나 목적과 다르게 소신 없는 리더처럼 비춰질 가능성이 높다. 다양한 아이디어가 필요할 때는 질문을 던지는 것이 맞지만, 나아가고자 하는 비전이나 제안을 할 때에는 리더의 자신감과 확신이 있어야 한다.

셋째는 목소리가 당당하지 못하고, 눈빛이 강하지 않다. 사자가 동물의 왕이 된 이유는 카리스마 가득한 눈빛 때문이다. 눈빛이야말로 모든 것을 압도하는 권력의 상징이다. 하지만 착한 리더들은 살아있는 눈빛의 중요성을 잘 모른다. 내 목소리가 자신감을 드러내고 있다는 사실도 잘 인지하지 못한다. 목소리가 커서 자신감 있어 보이는 것이 아니라 당당함과 자신감, 그리고 신뢰가 묻어나는 목소리가 훨씬 더 중요하다.

리더의 역할은 성과를 창출하는 조직을 이끄는 것이다. 그렇게 되기 위해 가장 먼저 나서서 결정하고 솔선하고 따르도록 이끌어야 하는데, 이러한 능력은 결코 착한 심성만으로는 이루어지지 않는다. 오히려 착한 것과 유능한 것은 완전히 반대의 성향을 가진다.

✒ 10배의 부를 만드는 기준, 권력형 리더가 되어라

유능한 리더들은 착한 이미지와는 정반대의 에너지를 가졌다. 자신감이 넘치고, 모든 순간 현명하고 빠른 판단을 내리는 자기 확신의 힘이 강한 리더들이다. 나는 이런 리더들을 '권력형 리더'라고 부른다.

우리나라에는 '착하다' 만큼 '권력'에 대한 잘못된 고정관념을 갖고 있다. 마치 권력이란 정치권에서 악용되는 힘 정도 같은 것으로 여긴다. 하지만 권력의 힘은 성공하는 리더십의 꽃과 같다.

스탠퍼드 대학교 제프리 페퍼 교수는 권력에 대해 이렇게 말한다.

"권력은 음울한 기술이 아니라 성공의 열쇠다."

제프리 페퍼 교수가 연구한 바에 의하면 사회 계급이 낮은 사람들일수록 권력에 대한 거부감이 훨씬 높다고 한다. 오히려 자신을 드러내고 의견을 명확하게 표현하는 것이 너무 과한 자기애처럼 느껴져 불편하게 생각한다. 당신의 생각은 어떠한가? 당신도 권력에 대해 불편한 생각이 든다면 한 번쯤 생각을 바꿔보는 것은 어떨까? 이 글을 읽는 당신만큼은 권력형 리더가 되는 것이야말로 당신의 성공의 문을 열어주는 핵심 키라는 것을 알아야 한다.

탁월한 리더십을 발휘하는 권력형 리더들은 어떤 특징을 갖고 있을까? 권력형 리더들은 따뜻해 보이는 것보다 유능해 보이는 것이 훨씬 더 중요하다는 것을 알고 있다. 그들은 착한 사람 이미지가 중요한 것이 아니라 자신감을 마음껏 드러내고, 장애물을 만나도 끝까지 밀어붙이는 불도저 같은 에너지를 내뿜는 것이 훨씬 더 많은 사람들을 매료시킨다는 사실을 안다.

착한 리더는 우물쭈물하다 기회도, 사람도 모두 놓치는 경우가 허다하다. 권력형 리더는 순식간에 현명한 판단을 내리고 그 결정에 문제가 생기더라도 결코 물러서거나 뒤로 숨는 법이 없다. 오히려 자신의 기세를 모아 마음껏 유능함을 발휘해 문제를 해결해 나가는 자신감을 내비친다.

연구에 따르면 사람들은 과한 자신감을 보이는 사람에게 훨씬 더 큰 매력을 느끼며, 심지어 유능해 보이기까지 한다고 한다. 실제 권력을 앞세운 리더들은 마치 세상을 지배하기 위해 태어난 것처럼 행동하는 것에 훨씬 더 익숙하다. 성공하는 리더가 되고 싶다면 오히려 '권력'을 행사해야 한다. 권력을 행사해야 한다고 해서 무지하면서 목소리 큰 것이 권력이라고 착각하지 마라. 권력은 유능함과 탁월한 통찰, 사랑과 온유함을 기반으로 관통하는 강력한 아우라다.

사슴의 눈빛과 사자의 눈빛을 떠올려보라. 어떤 눈빛이 더 믿음직스러운가?

부와 명예를 얻고 싶다면 '권력'의 힘을 가져야 한다. 부디 사람들의 호감을 얻겠다는 이유로 따뜻한 리더가 되어야 한다고 착각하지 말자. 유능함이 먼저고 따뜻함은 그 다음이다.

레버리지 정신
"아니어도 괜찮다"

3

✒ 시간을 돈으로 만드는 사람들이 누리는 초생산성

돈은 심술궂은 습성이 있어서 열심히 좇으면 도망간
다. 하지만 그다지 돈에 집착하지 않는 사람에게는 그쪽
에서 달라붙는다.

- 브루스 바튼

우리 집 거실 한 쪽 벽면에는 그림 작품 하나가 걸려있다. 언
젠가 그림 카페에 우연히 방문했다가 그림 속에서 주는 영감이
너무 좋아서 처음으로 구매해 본 작품이다. 이 그림 속에는 네
마리의 백조가 바다 위를 우아하게 헤엄치고 있다. 맑고 투명한

바다 위를 노닐며 여유롭게 헤엄치고 있는 백조의 모습을 보며 '나도 저런 우아한 삶을 살아야겠다'고 매일 아침 다짐하곤 한다.

자본주의 세상에서 돈을 버는 능력은 인생의 필수재에 가깝다. 그런데 어떤 사람들은 돈을 꾸준히 잘 벌어서 성공의 기울기를 점차 가파르게 만들어 가는 반면, 어떤 사람들은 오히려 벌어 놓은 돈마저 잃게 되는 선택으로 인생의 기울기를 꺾어버리는 사람들이 있다.

돈 버는 인생과 돈 잃는 인생을 사는 사람들 사이에는 어떤 차이가 존재하는 걸까? 똑같이 돈을 벌더라도 어떤 사람은 힘겹게 돈을 번다. 반면 어떤 사람은 쉽고 여유롭게 돈을 번다. 사람들이 많이 다니는 커다란 도로에 수천 억 원의 돈이 떨어져 있다고 해 보자. 어떤 사람은 떨어진 돈을 보자마자 직접 길거리에 뛰어들어 이리저리 다니면서 돈을 주울 것이다. 하지만 어떤 사람은 한 번에 해결할 수 있는 방식을 떠올린 뒤 커다란 청소기를 가져와 돈을 휩쓸고 갈 것이다. 직접 길거리를 걸으며 돈을 줍는 방식으로 돈을 버는 사람들은 '오리의 삶'을 산다. 청소기를 가져와 돈을 흡수하는 사람들은 우아한 '백조의 삶'을 산다. 오리와 백조의 가장 큰 차이는 바로 수면 밑에서 어떻게 헤엄을 치고 있느냐에 있다.

오리는 수면 위를 거닐기 위해 자신의 물갈퀴를 쉴 없이 휘저어야 한다. 그렇지 않으면 금세 물에 빠져 허우적거리게 된다. 오리는 물속에서 떠다니는 내내 짧은 두 다리를 이용해 생존해야만 한다. 반면 백조는 모든 순간이 여유롭다. 오리가 옆에서 최선을 다해 헤엄치는 동안 백조는 우아한 발짓 몇 번으로 훨씬 더 멀리 이동한다. 자신의 보폭이 얼마만큼인지 알고 있는 백조는 '열심히' 발짓을 하는 것보다 얼마나 '효율적'으로 하느냐가 훨씬 더 중요하다는 것을 이미 알고 있다. 이것이 돈 버는 사람과 돈 잃는 사람의 가장 큰 차이다.

돈 잃는 사람은 시간과 효율성의 중요성을 무시한 채 열심히 산다. 돈 버는 사람은 시간의 중요성을 가장 우선순위에 두고 효율성을 극대화할 수 있는 방식을 찾아 돈을 번다. 시간이 지남에 따라 효율성은 더욱 극대화된다. 이 간극의 차이가 마침내 '격'을 만든다.

✒ 크게 성공한 사람들의 비밀, '3격'

돈을 효율적으로 잘 버는 사람들에게는 특별한 '격'이 있다. 마치 고고하고 우아한 자세로 물 위에 떠 있는 한 마리의 백조에게서 풍겨지는 듯한 격이다.

우아한 태도를 유지하면서도 효율적으로 시간을 돈으로 바꾸는 사람들은 어떤 격을 갖고 있는 것일까?

　첫 번째는 '인격'이다. 인격은 어떤 상황이 오더라도 일관된 모습을 유지할 수 있는 힘이다. 인격이 있는 사람들은 기분과 태도가 별개라는 것을 안다. 기분은 선택할 수 없지만 감정과 태도는 자신이 원하는 대로 선택할 수 있으며, 그러한 원칙 또한 어떤 상황에서도 일관되게 유지할 수 있는 능력이 있는 사람에게 드러나는 격이다. 인격을 갖춘 사람들은 자기 자신을 함부로 대하지 않으며 주위 사람들에게도 존중의 태도를 아끼지 않는다. 인격이 있는 사람들은 내 인생이 내 책임이라는 사실을 명확히 인지하고 있으며 나를 통해 느껴지는 감정적 에너지가 다른 사람들에게 어떤 영향을 미치는지 알고 매너 있는 태도와 에너지를 흘려보낼 줄 아는 사람이다.

　두 번째는 '품격'이다. 품격이 있는 사람은 자신이 가장 똑똑한 사람이 아니라는 것을 인정한다. 품격은 배움을 지속해서 나와 다른 사람들의 삶을 이롭게 할 수 있는 존재로 계속해서 발전하는 것으로부터 나타난다. 계속해서 변화되는 세상에서 자신도 발맞추어 혁신을 거듭하며 자신의 세계관을 변화시켜나가는 유연함을 통해 성숙한 존재로 나아가는 것을 즐긴다. 품격이 있는 사람들은 마치 '100년 뒤 내가 세상에 기억될 때 어떤 존재로 기억될 수 있을까?'를 마음에 품고 살아가는 사람처럼 자기 자신의 존재 이유에 대해 끊임없이 묻고 성장하고 발전하는 것에 전념하는 삶을 살아간다.

세 번째는 '가격'이다. 이것은 시간의 소중함을 아는 사람들이 가진 '격'이다. 시간을 중시하는 사람들은 항상 선택의 득과 실을 체크한다. 돈만 보고 쫓는 것이 아니라 내가 세상의 모든 문제를 해결할 수 없다는 것을 인정하고 **가장 최우선으로 가치를 만들어 낼 수 있는 선택은 무엇인지를 자문하는 효율적 이타주의의 삶을 산다.** 매 년 시간의 가격을 높이는 선택을 통해 자신의 가치가 적재적소에 활용될 수 있는 영리한 선택을 해 나간다. '가격'을 높일 줄 아는 사람들은 세상을 바꾸는 일에 있어 부분별한 선행이 오히려 무익하다는 것을 알고 '이것이 최선의 선택인가?'라는 질문을 통해 시간 활용을 질적으로 선별한다. 시간적 레버리지 선택이 중요한 사람들은 관계에 집착하지 않는다. 그들에겐 시간의 값이 가장 큰 자산이기 때문이다. 그들에게 세상을 바꾸는 힘은 열정이 아니다. 오히려 **냉정하고 영리한 선택이 세상을 더 이롭게 하는 방식**이라고 여긴다.

백조의 방식으로 성공을 향해 가는 사람들에게 '시간'이야말로 가장 지켜내고 싶은 자산이다. 시간적 레버리지 선택이 중요한 사람들은 시간과 에너지를 빼앗는 관계에 집착하지 않는다. 오히려 어떤 관계에 있어서 마음이 맞지 않을 때는 이렇게 생각한다.

"아니어도 괜찮다."

3가지 격이 있는 사람들은 성공으로 가는 길에 불필요한 관계보다는 **시간의 질적 성장이 훨씬 더 중요한 과업**이라는 것을 안다. 세상을 바꾸는 힘은 무분별한 열정이 아니다. 오히려 냉정하고 영리한 선택을 하며 백조 같은 우아함으로 세상을 더 이롭게 만들어 갈 줄 아는 레버리지 정신에서 나온다.

웨인 다이어가 알려준
끌어당김의 진실

4

당신의 인연이 당신이 어떤 사람인지 말해준다

"당신은 당신이 원하는 것이 아니라 당신과 똑같은 사람을 끌어당긴다."

- 웨인 다이어,《우리는 모두 죽는다는 것을 기억하라》중

모든 행운과 불운은 '사람'으로부터 온다. 그래서 어떤 인연을 만나는가는 '운의 법칙'을 이야기할 때 매우 중요한 요소다. 어쩌면 어떤 사람과 인연을 맺느냐가 모든 운의 전부일 수 있다. 많은 부를 쌓은 사람일수록 인연을 더욱 더 신중하게 맺는다.

인연이 이토록 부와 행운에 중요한 요소인데도 불구하고 많

은 사람들은 인연에 대해 크게 중요하게 여기지 않다가 '화'를 당한 후에야 자각을 할 때가 많다. 웨인 다이어가 말하는 끌어당김 법칙의 진실은 아마도 인연에 대한 중요성을 일깨워주기 위함이 아닐까?

어떤 인연은 나에게 배가자가 된다. 최소한의 노력을 통해 최대의 행운을 누릴 수 있도록 도와준다. 어떤 인연은 갑자기 나타난 쓰나미처럼 내 주변을 초토화시킨 후 갖고 있던 모든 것을 휩쓸고 달아나 버린다. 어떤 사람은 귀인이 되고, 어떤 사람은 최악의 인연이 되는 것이다. 악연과 귀인을 단번에 구별할 수 있는 능력을 가질 수 있다면 좋겠지만, 끝을 보면 악연이었던 사람도 처음 만나는 순간만큼은 귀인처럼 만날 수 있기 때문에 쉽게 구별할 수 없다.

그렇다면 웨인 다이어가 알려 준 끌어당김의 법칙에 빗대어 처음부터 귀인을 만날 확률을 높이려면 어떻게 해야 할까? **가장 먼저 남이 아닌, '나'를 알아야 한다.**

첫째로 나의 에너지 상태를 알아야 한다. 인생의 사계절이 있듯 우리 자신도 에너지 파동의 주기가 있다. 초조함, 불안, 과도한 욕심, 조급함의 에너지가 내면에 있을 때 맺은 인연은 그것과 같은 에너지 파동을 가진 사람을 끌어당긴다. 빨리 성공하고 싶은 마음, 남들에게 인정받고 싶어서, 과한 결과를 만들어 내고 싶은 마음, 불안함 같은 마음들이 뒤섞여 불운의 파동을 몰고 오는 인연을 자신의 바운더리 안으로 끌어당기게 된다.

신기하게도 그런 조급한 마음과 에너지가 집중될 때는 언변이 능하며 어떤 면에서 나보다 뛰어나 보이는 능력을 갖고 있는 것처럼 보이며, 나에게 온갖 애정을 다 쏟아부어줄 것 같은 사람이 귀인인 척 다가온다. 평소에는 잘 보이지 않던 사람이 어느 순간 행운의 기회를 안고 우연히 찾아온 것처럼 느껴진다. 만약 그런 느낌으로 맺어진 사람이 있다면 당장 빨간불을 켜고 멈추어 생각해 보아야 한다. 인생의 진실은 이것이기 때문이다.

'세상에 공짜는 없다.'

나에게 어떤 대가도 바라지 않고 잘해주는 사람은 이 세상에 부모 외에는 없다. 그럴 때는 내 마음의 파동이 어디에서 시작해 어디로 향하고 있는지 잘 살피고 느껴보아야 한다. 선하지 못한 의도와 조급함, 불안함은 언제, 어떻게 당신의 발목을 잡고 악연의 늪으로 향해갈지 모르기 때문이다.

🖋 성공으로 향하는 파동으로 바뀌는 순간 찾아오는 귀인

내 안에 어떤 에너지가 흐르고 있는가에 집중하다 보면 어느 날 아침 문득 창밖의 태양만 봐도 감사가 밀려오는 순간이 있다.

오늘 이 하루에 살아 있다는 것이 기적처럼 느껴진다. 아주 사소한 일에도 감동이 밀려오는 순간이 있다. 이때가 바로 귀인을 만날 준비가 된 최적의 상태다. 내가 감사의 파동을 느끼는 순간 그것과 같은 에너지를 가진 사람이 끌어당겨지기 때문이다.

당신이 10배 큰 부를 이루고 싶다면 앞으로 만나게 될 귀인은 이런 특성을 기본적으로 지녀야 한다.

- 매 순간 감사하는 습관이 배어 있는 사람
- 어떤 역경이 와도 긍정적으로 해석하며 회복탄력성이 높은 사람
- 정신적 에너지를 교류하여 시너지를 일으킬 수 있는 능력이 있는 사람
- 말과 언행이 선하며 성공에너지를 전이시켜 주는 사람
- 매 번 만날 때마다 의식수준이 성장해 있는 사람
- 신체와 눈빛에 건강한 활력과 에너지가 넘치는 사람
- 타인도 자신처럼 아껴주고 격려와 지지를 해 주는 사람
- 자기 자신의 성장을 위해 투자를 아끼지 않는 사람
- 자기 일을 사랑하고 가치 있는 존재가 되는 것이 비전인 사람
- 의미 있는 성공을 향해 정진하며 적당한 관계의 바운

더리를 유지하는 사람

이런 귀인을 만나려면 이보다 먼저 더 중요한 선행조건이 있다. 만나지 말아야 할 사람을 명문화해 두는 것이다. 개인적으로 내가 좋아하지 않는 사람이 가진 특징이 몇 가지 있다.

- 자기 성장 없이 타인의 노력을 비하하는 사람
- 생각만 많고 행동하지 않는 사람
- 자의식이 강해 고정관념을 잘 버리지 않는 사람
- 목표가 낮아 자기 발전이 더딘 사람
- 책임감과 성실성이 없는 사람
- 진정한 부끄러움이 무엇인지 모르는 사람

당신은 어떤 특징을 가진 사람을 멀리하고 싶은가? 만나고 싶지 않은 사람의 특징을 먼저 기록해 보라. 그 이후에 만나고 싶은 사람의 특징도 함께 나열하라. 그렇지 않으면 어느 순간 귀인인 줄 알았던 사람이 악연이 되어 당신의 인생을 송두리째 흔들고 있을지 모른다. 악연은 처음 순간이 너무나 달콤하기 때문에 쉽게 빠져든다. 그럴 때 명문화된 악연의 기준이 있다면 쉽게 넘어가는 일은 없을 것이다.

아무나 당신의 인연 안에 들이지 마라. 가장 중요한 진실은, **당신은 당신이 만나고 싶은 그 사람이 되어 먼저 존재해야 한다**는 것이다. 그것이 끌어당김에 의한 인연의 진실이다. 당신은 어떤 사람을 만나고 싶은가? 당신 자신은 오늘 그런 모습으로 살고 있는가? 기억하라. 지금 이 순간에도 당신은 당신이 원하는 것이 아니라 당신과 똑같은 사람을 끌어당긴다는 것을.

한계 없는 최상화 시스템
'마스터 마인드 팀빌딩'

5

성공과 나무의 상관관계

가끔 일이 잘 풀리지 않을 때 기분전환을 위해 산책을 하다보면 자연이 주는 해답을 찾을 때가 많다. 자연은 내게 가장 완벽한 성공의 길을 알려주는 스승이다. 한 해를 지나는 동안 우리는 사계절을 맞이하고 흘려보낸다. 자연도 마찬가지다. 나무 한 그루가 사계절을 견뎌내고 나면 훌쩍 자란 키로 무한한 생명력을 뽐내는 듯하다.

나무는 자신이 심긴 자리에서 일 년 내내 우직하게 버티며 사계절을 지낸다. 온전히 사계절을 지나는 동안 자신만의 방식으로 유연하게 대처해 나간다. 추운 겨울이 오면 앙상한 가지만 남긴 채 봄이 찾아오면 맺게 될 새로운 어린 잎과 열매를 맺기 위한 뿌리를 단단히 내리는 시간을 갖는다. 겨울나무에 나뭇잎이 붙어있지 않는 것은 나뭇잎으로 전달할 에너지들을 자신의 뿌리에 비축해 한 해를 살아갈 힘을 오롯이 저장하기 위함일 것이다. 단단한 뿌리야말로 나무가 견뎌내는 힘이자 내공이다.

봄이 오면 가지 끝에 기다린 듯 새싹 봉우리가 하나 둘씩 피어오르기 시작한다. 뿌리를 단단히 내린 나무가 이내 기지개를 펴는 것이다. 봄기운을 맞아 새싹과 봄꽃을 틔우는 것은 한여름 태양 빛으로 쭉쭉 뻗어나가기 위한 성장 준비를 하는 것이다. 한바탕 성장의 시간이 지나야 비로소 성숙할 수 있다는 것을 본능적으로 알기 때문이다.

봄바람 끝에 새싹이 성장을 마치면 태양 빛을 10배 더 많이 받으며 무성한 잎들을 만든다. 비로소 나무의 원숙미가 조금씩 느껴지기 시작한다. 나무는 더 많은 에너지를 태우며 자신의 잎을 통해 태양 빛을 저장하고 키도 훌쩍 키운다. 여름나무의 성숙미는 마치 아기를 잉태하려는 모성애와 닮아있다.

마침내 가을이 오면 그 동안 성장과 성숙을 통해 맺어진 싱그러운 열매가 축복처럼 터져나온다. 나무는 겨울 동안 뿌리내린 강력한 에너지를 탐스러운 열매들에게 전달한다. 한 해를 잘 보낸 나무가 열매를 맺고 누군가가 그 열매를 통해 새로운 에너지를 받는 것은 자연의 기적이라고밖에 설명할 수 없다. 그야말로 아낌없이 주는 나무다.

나무는 열매를 맺기 위해 자신의 성장과 성숙을 아끼지 않았으며 자연의 도움도 적극 활용했다. 봄바람이 주는 따스한 기운, 여름의 태양이 주는 뜨거운 에너지, 가을의 열매를 풍성하게 만들어 줄 양질의 토양과 곤충들, 견고한 뿌리를 내릴 수 있게 단단한 토양을 만들어 준 다양한 꽃과 잡초들의 뒤엉킨 뿌리그물까지, 어느 하나 홀로 만들어진 것이 없다.

인간의 성공 원리도 이와 같다. **성공은 '조화' 속에서 만들어진다.** 조화는 자연 법칙의 성공 원리이며 조화가 없이는 조직화도 있을 수 없다. 모든 성공의 기반에는 조화롭게 어우러진 조직화의 에너지가 흐르고 있다. 조직화되지 않고 홀로 존재하는 것은 진화하지 못한 채 사라지고 만다. **조화롭게 조직화되는 성공의 원리를 '마스터 마인드'라고 부른다.**

나무가 열매 하나를 맺기 위해서 얼마나 많은 자연의 수많은 물상들과 조화를 이루었는가? 조화를 이루는 에너지가 한데 모여 발산된다면 어떤 기적이 만들어질까?

나무 한 그루가 자연과 조화를 이루고 조직화되면 무한한 열매를 매 년 공급할 수 있다. 이것이야말로 나무가 알려주는 성공의 비밀이다. 10배 더 크게 성공하고 싶다면 혼자가 아닌 마스터 마인드를 가진 사람들과 조화를 이루고 조직화할 수 있어야 한다.

✒ 혼자서는 슈퍼스타가 불가능하다

한 사람 한 사람의 내면에는 무한한 잠재력이 있다. 그 잠재력을 통해 사람들은 세상에 자신만의 열매를 만들어 제공한다. 다른 한 편으로는 작용, 반작용의 법칙에 의해 자신의 잠재력을 200% 발휘하지 못하게 막는 에너지도 존재한다. 그것은 우리 내면에 존재하는 '유리 천장'이다. 유리천장이라는 말은 외부의 억압된 환경을 뜻하는 말로 많이 사용하지만, 나는 인간의 내면에도 유리천장이 존재한다고 생각한다.

'난 이것을 하는 것이 어려워!'
'내가 과연 할 수 있을까?'
'나는 아직 그럴 실력이 없는데….'

이런 생각들이 우리 내면에서 보이지 않는 유리천장을 만든다. 수없이 만들어 낸 내면의 유리천장 때문에 혼자서 하는 성공에는 한계가 분명 존재한다. 그럴 때 필요한 것이 바로 함께 성공을 도모할 성공집단을 꾸리는 것이다. 크게 성공한 사람들은 자신의 유리천장이 있음을 알고 다른 사람들의 힘을 빌려 함께 선순환의 시너지를 만들어 낼 수 있는 능력을 갖고 있다. 이 방식이야말로 유리천장의 한계를 없애고 10배 크게 도약할 수 있는 성공 루트다.

혼자의 힘으로 만들어 내는 성공은 제한적이다. 하지만 함께 만들어 내는 성공은 무제한이다. **무제한의 성공을 꿈꾼다면 마스터 마인드를 만드는 관계 네트워크를 구축해야 한다.** 같은 철학과 같은 비전을 가진 슈퍼스타들이 모이면 어떤 기적을 만들어 낼까? 아마도 성공의 성질 자체를 바꿔버릴 것이다. 한 가지 색에 다른 한 가지 색이 더해지면 탁해진다. 하지만 세 가지 이상의 색이 섞이면 완전히 다른 성질의 색이 탄생한다.

성경에도 이런 구절이 있다.

> "한 사람이면 패하겠거니와 두 사람이면 맞설 수 있나니 세 겹줄은 쉽게 끊어지지 아니하느니라."
>
> (전도서 4 : 12)

한 곳을 바라보는 세 사람 이상이 모여 성공의 기준을 바꾼다. 쉽게 끊어지지 않게 조직화되는 것이야말로 오랜 성공을 보장한다. 혼자는 슈퍼스타가 되는 것이 불가능하지만, 셋 이상이면 가능한 이야기가 된다. 슈퍼스타로 가는 최고의 시스템! 나의 유리천장을 없애고 무제한의 성공을 향해가고 싶다면 나와 함께 비전을 이뤄갈 마스터 마인드 조직화를 구축해야 한다.

✍ 혼자 있을 땐 뿌리를 다듬고, 함께 있을 땐 열매를 창조하라

마스터 마인드는 서로 비전이 같고, 상생을 이뤄낼 수 있는 능력을 가진 사람들이 모여 만드는 정신적 조화의 에너지다. 어떻게 하면 마스터 마인드를 가진 팀원들과 팀빌딩을 할 수 있을까? 그것은 혼자 보내는 시간과 함께 보내는 시간을 어떻게 보내느냐에 달렸다. 서로의 강점을 모아 시너지를 만들려면 혼자 있는 시간도 흘려보내지 않을 수 있어야 한다. 혼자만의 시간이야말로 뿌리를 깊게 내릴 수 있는 시간이다. 혼자 있는 시간의 힘을 잘 활용하면 보다 탐스러운 열매를 맺을 수 있다. 내가 가진 강점들을 활용할 수 있도록 혼자 있는 시간을 내 안의 뿌리를 다듬는 성장시간으로 만들어야 한다.

혼자 있는 시간의 힘을 활용할 줄 알면 함께 하는 시간도 잘 배가시킬 수 있다. 같은 비전을 갖고 있는 마스터 마인드 그룹으로 모이게 되면 서로가 서로에게 행운아가 된다. 서로의 강점을 새끼줄 엮듯 결합하면 상생의 에너지가 만들어진다.

　서로의 강점을 결합하여 만든 상생의 에너지는 어떻게 사용해야 할까? 다른 사람들의 성공의 길을 열어주기 위해 활용되어야 한다. 이것은 나무가 최상급의 열매를 맺어 다른 동물이나 사람들이 열매를 먹고 좋은 에너지와 건강을 획득하는 것과 같은 이치다. 마스터 마인드 팀의 성공 비전을 통해 다른 사람들에게 성공의 길을 열어주다 보면 자연스럽게 나 자신에게도 성공의 길이 열리게 된다. 당신이 만들 수 있는 최고의 행운은 '마스터 마인드 팀 빌딩'을 통해 잠재력의 포텐셜을 최상화로 끌어 올리는 것에 있다. 그 포텐셜을 통해 다른 사람들의 성공을 열어주어라. 무제한의 성공 원리를 작동시켜 개인으로서는 할 수 없는 완전히 다른 10배 성공의 길라잡이가 되어 보면 어떨까?

5단계

10배 큰 성공 사이클을 만드는 위대함
〈소명의 기술〉

1,000만원
Vs 1,000권

1

10배 큰 부를 이루는 억만장자들의 시야

> 모든 좋은 것은 멀리 돌아가는 길을 통해 목적에 다다른다.
>
> - 니체

누군가 다가와 당신에게 두 개의 선택지 중 하나를 3초 안에 선택해야 한다고 말했다.

하나는 지금 당장 1,000만원을 선물로 받는 것이다.

다른 하나는 1,000권의 책을 읽고 원하는 것의 10배를 더 부풀려 받는 것이다.

당신은 어떤 선택을 하겠는가?

이 질문에는 엄청난 성공의 힌트가 숨어 있다. 하버드 대학교 에드워드 밴필드 교수가 연구한 바에 따르면, 세계적으로 성공한 자수성가 억만장자들에게 나타나는 공통분모가 있었는데, 그들은 모두 '시간 전망'의 달인이었다는 것이다. '시간 전망'이란 자신이 갈 수 있는 미래를 최대한 멀리 내다보는 능력을 말한다. 그들은 지나칠 정도로 미래지향적이었으며, 어떠한 결정을 내릴 때 지금이 아닌 몇 년, 심지어는 몇십 년의 전망을 내다보며 판단을 했다. 그와 반대로 저소득층 혹은 심각한 알코올 중독자나 약물 중독에 걸린 사람들은 단 몇 분, 하루 정도의 시야만을 갖고 사는 사람들이 많았다.

매 순간 선택의 합으로 우리의 인생이 만들어진다고 했을 때, 작거나 큰 문제가 자주 일어나는 사람들은 바로 이 '시간 전망'이 부족하기 때문에 단기적으로는 만족할 수 있으나 장기적으로 보면 손해를 보는 선택들만 하는 경우가 많다. 바로 '시간 전망' 시야의 부재 때문이다.

전 세계의 70% 이상 성인들이 그 달 벌어 그 달 먹고사는 문제를 급히 해결해 나간다. 이런 현상을 겪는 사람들은 미래 전망 시야로 봤을 때 중요한 일이 아닌 급한 일에 매몰되어 시간이 무한정 있는 것처럼 생활하다 후회를 남기는 결과를 지속적으로 만든다. 경제든 건강이든, 관계든 모든 면에서 어쩌면 우리는 후회할 것이라는 것을 알면서도 '어떻게든 되겠지'라는 마음으로 같은 행동을 반복하고 있을지도 모른다.

그렇다면 장기 전망 시야가 중요한 것을 알면서도 많은 사람들이 그러한 선택을 하지 못하는 이유는 무엇 때문일까? '장기 전망'의 관점으로 살아내기 위해서는 반드시 '인내'와 '희생'이 따르기 때문이다. 장기 전망은 최소한 몇 달, 혹은 몇 년의 관점을 미리 앞당겨와 살아야 한다. 심지어 보상이 즉각 이루어지지도 않는다. 그렇기 때문에 장기 전망의 시야로 선택하는 것은 현재 관점에서 불편하고 힘든 결정들이다.

그럼에도 불구하고 성공하기 위해 반드시 필요한 것이 '장기 전망' 능력이다. 성공과 실패 사이에는 반드시 '인내심'의 다리가 기다리고 있다. 인내심의 다리를 건너는 것은 10배 큰 성공으로 가는 뿌리를 내리는 시간과 같다.

🖋 단기적 시야 VS 장기적 시야

인생에서 부와 행운을 부르는 성공의 씨앗이 있다고 한다면, 1,000만 원을 선택하는 사람은 성공의 씨앗을 '뽑는 자'다. 1,000권의 책을 읽고 10배 더 큰 선물을 선택하는 사람은 성공의 씨앗을 '심는 자'다.

뽑는 자는 씨앗이 자랄 틈도 주지 않고 매일 뽑아대느라 인생이 황무지처럼 황폐화되어 갈 것이다. 심는 자는 추운 겨울이 와도 버텨내며 비옥한 토양에 더 많은 열매들이 맺어가도록 가꿔 풍요롭게 변화될 것이다.

조급함은 인생의 잡초와 같다. 조급한 만족을 따르느라 단기적 시야로 성공을 이루고 싶은 사람들은 결과에만 집착할 뿐 과정을 인내하지 못한다. 그러나 인내와 희생을 기반으로 한 과정을 만들어 가는 사람들의 삶이 10배 더 많이 행복하고 부유하다는 것을 우린 이미 알고 있다.

인생의 무게 추를 1,000만 원짜리 인생이 아닌 1,000권의 책을 읽어내고 10배 더 큰 보상을 받겠다는 인내심의 정원에 심어둬라. 성공한 사람들의 시야는 언제나 '더 멀리'에 있다. '시간 전망'을 길게 갖고 있는 사람일수록 지혜로운 선택을 할 것이다. 억만장자의 내공은 '인내심'에서부터 시작된다.

인내하는 사람은 그가 바라는 것은 무엇이든지 손에 넣을 수 있다.

- 벤저민 프랭클린

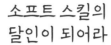

소프트 스킬의 달인이 되어라

2

보이지 않는 것들의 비밀

비밀 하나를 알려줄게.

아주 간단한 건데.

정말 중요한 것은 눈에 보이지 않아.

-《어린왕자》중

"단기 완성, 취업 잘 되는, 미리 따 두면 좋은, 가장 쉽게 취득할 수 있는"

이것은 무엇에 관한 문구일까? 맞다. 자격증 취득 광고에 붙은 말들이다. 취업이나 돈을 벌기 위한 목적으로 자격증 한두 개

쯤은 필수인 세상이다. 이 정도에서 끝나면 다행이다. 화려한 이력서를 완성하려면 더 많은 자격증 스펙으로 빈칸을 모두 꽉꽉 채워야 한다. 우리 연구소에 상담을 오시는 분 중에도 어떤 자격증이 돈 버는 데 도움이 될지 궁금해하며 찾아오시는 분들도 있다.

온라인에서도 자격증 취득에 대한 열정은 끝나지 않는다. '자격증' 키워드는 약 5만회 넘는 서칭률을 보이고 있다. 자격증을 많이 취득해서 돈을 더 많이 버는 것은 2배 성공을 꿈꾸는 사람들의 방식이다. 10배 성공을 꿈꾸는 사람들의 그와 정반대의 것이 훨씬 더 중요하다고 생각한다.

10배 성공은 자격증만으로 이루어지는 것이 아니다. 당신 내면에 갖고 있는 소프트웨어 스킬이 성공에 훨씬 더 큰 영향을 준다. 보이는 것에 급급해 하다 보면 보이지 않는 것의 중요성을 놓치고 만다. 하지만 10배 큰 부를 이루는 사람들은 보이지 않는 자기 인식 시스템이야말로 정말 중요한 성공 요인이라고 말한다.

눈에 보이지 않는다고 해서 정말 보이지 않는 것이 아니다. 태도는 명확하게 눈에 보이지 않지만 겉으로 드러난다. 태도가 좋으면 어딜 가든 무리 속에서 독특하게 빛나는 존재가 된다. 감정은 눈에 보이지 않지만 주변에 있는 모든 사람이 느낄 수 있고 즉시 전염된다. 긍정적인 에너지를 가진 사람 한 명의 에너지가 수백만의 에너지를 동시에 바꾸기도 하며, 부정적 감정을 가진 사람 한 명이 주변 공간의 모든 기운을 암울하게 바꾸기도 한다. 보이는 것에 집중하느라 보이지 않는 것을 소홀히 대한다면 자기 인식을 통한 부와 행운이 아닌, 외부 환경에 의한 잠깐의 부와 행운만을 가질 뿐이다.

- **'습관'**은 보이지 않지만 수많은 습관이 모여 현재의 나를 만들었다.
- **'인격'**은 보이지 않지만 많은 사람들의 존경을 얻을 수 있는 힘을 품고 있다.
- **'생각'**은 보이지 않지만 한 개인의 삶은 생각을 현실화시켜 놓은 작품이다.

자격증 수십 개를 취득했지만, 좋지 않은 습관을 가진 사람이 성공할 수 있을까? 이력서에 자신의 스펙을 꽉꽉 채우는 것은 완성했지만, 인격을 갖추지 못한 사람이 다른 사람의 존경을 받을 수 있을까?

보이지 않는 소프트 스킬의 힘이 곧 10배 성공의 근원이고,

자산이다.

✒ 10배의 부를 이룬 사람들이 가진 보이지 않는 3가지 스킬

특히 당신이 10배 큰 부를 갖고 싶다면 최소한 이 세 가지 소프트웨어 스킬은 반드시 갖고 있어야 한다.

하나는 '호기심'이다.

호기심은 용기와 모험심을 기반으로 나온다. 마치 어린아이들이 매일 상상의 나래를 펼쳐 자신만의 세상에서 즐기듯 호기심의 안경을 쓰고 있어야 한다. 호기심은 어떤 마음에서 출발할까? 매일 설레는 하루를 맞이하는 것에서부터 시작된다. 크리스마스 전날, 생일 전날, 소풍 전날, 방학 전날을 떠올려보라. 생각만 해도 즐겁고, 마치 여행을 떠나는 기분이 들지 않는가?

호기심은 세상을 여행하듯 바라보는 마음에서 생겨난다. 당신에게 인생이란 성공을 맞이하기 위해 설레는 마음으로 떠나는 여행인가, 진지하고 무겁게 꽉 찬 하루를 버텨내야 하는 고통의 나날인가? 호기심의 안경을 쓰고 오늘부터 인생 여정을 떠나보라. 호기심 루트를 따라 마음이 따르는 대로 움직이다 보면 반드시 인생을 바꿀 터닝포인트의 기회가 생기기 마련이니 말이다.

이제라도 인생의 극적인 성공을 맛보고 싶다면 인생 슬로건을 이 문장으로 바꿔보면 어떨까? '호기심대로!'

다른 하나는 '정직'이다.

아무리 비싼 명품도 작은 스크래치들이 나기 시작하면 가치가 떨어진다. 나는 정직이야말로 성공으로 가는 가장 빠른 루트라고 말하고 싶다. 아주 작고 사소한 거짓말이 점점 누적되면 거대한 역풍을 만든다. 성공의 최고 레벨인 신뢰와 신용을 단번에 추락시키는 것은 물론 모든 행운의 기회마저 앗아가 버린다.

《명심보감》의 구절 중 '물이선소이불위 하고 물이악소이위지 하라(勿以惡小而爲之 勿以善小而不爲)'란 말이 있다. 선한 일은 아주 작은 것이라도 반드시 행하고, 악한 일은 아주 작은 것이라도 반드시 삼가야 한다는 뜻이다. 혹시 '아무도 모르니까 괜찮겠지'라는 마음으로 작은 변명이나 거짓말을 무의식적으로라도 하고 있다면 성공의 자리에서 추락한 많은 예시들을 떠올려라.

성공의 핵심은 누가 더 빨리 가느냐가 아니다. 누가 더 오래 유지하며 누리느냐. 정직하지 못해서 생긴 사소한 불운의 스크래치 하나 때문에 오랫동안 힘들게 쌓아놓은 명성을 무너뜨리는 모순은 겪지 않기로 하자.

마지막은 '친절함' 이다.

얼마 전 책 카페에서 늦은 밤까지 책 집필에 몰두하느라 바닥에 노트북 커버가 떨어진 줄도 모르고 있었다. 한 남성이 옆으로 다가와 노트북 커버를 주워주었는데, 그냥 주워주기만 한 것이 아니라 눈빛을 마주하고 환하게 웃기까지 하며 건네주는 것이 아닌가? 그냥 지나쳐도 무방한 일을 환하게 웃어주시기까지 하며 커버를 주워주니 친절함에 감사 그 이상의 감동이 밀려왔다. 그 덕분에 집필하느라 조금 지쳐있던 마음을 이겨내고 끝까지 책을 마무리할 수 있게 되었다.

플라톤은 세상을 살아가는 개개인 모두가 힘든 싸움을 하고 있으니 만나는 사람에게 '친절'하라고 했다. 친절이란 결국 무심코 지나치는 것이 아니라 한 번 더 관심을 기울여주는 것에서부터 시작한다. '티끌 모아 태산'이라는 말처럼 작은 관심, 작은 칭찬, 작은 친절 하나가 한 사람의 기분과 에너지를 바꾼다. 작은 친절은 강력한 성공의 뿌리다. 매일 아침마다 나 자신과 만나는 사람들에게 세상에서 가장 친절한 미소를 선물해 보면 어떨까?

보이지 않는 것들은 보기보다 힘이 세다. 당신의 내면 세상을 어떻게 만드느냐에 따라 외부 세상이 만들어진다. 보이지 않는 힘의 위력부터 키우다보면 보이는 것들도 점차 좋아질 것이다.

그것이 부의 법칙이자 자연의 성공 원리임을 이해한다면 성공은 보다 더 가까워질 것이다.

Q. 내가 갖고 싶은 소프트웨어 스킬은 무엇인가?

_____

_____

_____

_____

_____

Q. 어떻게 키울 것인가?

_____

_____

_____

_____

_____

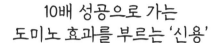

10배 성공으로 가는
도미노 효과를 부르는 '신용'

3

✒️ 인생의 두 갈래 길, 신용 자산 VS 신용 부채

10배의 부를 이루는 데 가장 어려운 일이 무엇일까? 그것은 '신용'을 창조하는 일이다.

돈이란 지금 이 순간에도 신용에 의해 창조되고 있다. 신용이란 다른 사람이 당신을 어떻게 보는가에 대한 것이다. 모든 부는 신용을 기반으로 생성되고 사라진다. 그러므로 당신이 10배 큰 부와 행운을 누리기 위해서는 신용의 창조 원리를 이해하고 신용을 지켜내는 힘이 있어야 한다. 평소에 돈 걱정을 하는 사람은 결국 신용의 원리를 이해하지 못해 부를 움켜쥐는 법을 모르기 때문에 시시각각 달아나는 돈을 지키는 법을 모르는 것이다.

신용은 어디에서 창조될까? 당신이 보내는 매일 매 순간으로부터 신용이 탄생되고 있다. 가장 작게는 나 자신과의 약속을 지켜내는 것에서 시작된다. 당신은 부를 쌓기 위해 우선 당신 스스로와의 약속을 지키는 것을 연습해야 한다. 스스로 해낼 수 있는 목표들을 정하고 그것을 이루기 위한 일련의 계획들을 실천해야 한다. 자신과의 약속은 혼자 있을 때도, 누군가와 함께 있을 때도 항상 지켜져야 한다. 당신이 쉽게 당신과의 약속을 깨뜨리는 횟수가 잦을수록 당신의 신용은 매일 깎여 내려가고 있다는 것을 알아야 한다.

플라톤은 신용에 관해 이런 말을 했다.

"첫 번째이자 최고의 승리는 자신을 정복하는 것이다."

당신은 어떤가? 매일 혹은 매 달 돈 걱정을 하며 살고 있는가?

결론부터 말하면 이런 걱정은 자기 자신에 대한 신용자산을 쌓아두지 않았기 때문에 생기는 걱정거리들이다. 주로 이런 돈 걱정을 하는 사람들은 조금의 돈이 모이기만 하면 정말 열심히 살고 있으니 자신에게 적당한 보상을 주어야 한다는 핑계로 돈과 시간을 펑펑 써버리는 오류를 저지르거나, 신용으로부터 멀어지는 행동들을 아무렇지도 않게 하고 있을지도 모른다. 당신이 아무리 매일 열심히 하루를 보냈다고 해도 당신 스스로에 대한 신용을 쌓는 것에 소홀했다면 앞으로도 돈 걱정에 시달리게 될 것이다.

이것은 신용 부채를 쌓아올리는 삶이다. 신용 자산이 없으면 '0'이 되는 것이 아니라 그에 맞먹는 신용 부채가 쌓인다. 우리가 매일 생활을 이어나가는 한 신용이 없는 상태는 없다. 신용 자산을 쌓거나, 신용 부채를 쌓거나 둘 중 하나뿐이다.

세상의 어떤 사람도 자기 자신과의 신용을 쌓는 법을 알지 못한 채 오랫동안 성공한 사람은 없다. 아직 경제적으로 안정을 찾지 못한 상황이라면 가장 최우선으로 자기 자신과의 신용을 쌓는 일을 시작해야 한다.

나는 나 자신과의 신용을 쌓기 위해 매일 새벽 '생각타임 명상'과 '기록'을 습관화하고 있다.

생각 타임 명상은 내가 창조하고 싶은 미래를 명확하고 선명하게 만들기 위해 불필요한 잡념들을 가지치기 하는 시간이다. 나 자신과의 신용을 매일 지켜나가다보면 어느 순간 명상으로 떠올렸던 그림이 현실화되어 나타나 있는 순간을 맞이하게 된다. 이미 나는 10년간 그 기적들의 순간들을 수도 없이 경험했으며 내 주변 사람들도 마찬가지다. 그 기적의 맛을 잃고 싶지 않아서 매일 새벽마다 생각 타임 명상으로 미래의 밑그림을 선명하게 그려나가는 습관을 실천하고 있다.

두 번째는 선명하게 그려진 미래의 그림을 현실화시켜 목표를 이루는 '행동' 리스트들을 실천하기 위해 기록한다. 10배 노트를 통해 10배 큰 생각의 훈련을 했다면 그 생각과 행동의 조화를 만들어 내기 위해 아이디어 노트에 기록하고 실천한다. 내 인생의 주인으로서 할 수 있는 가장 최고의 신용 창조는 원하는 삶을 명확히 정하고 그 순간들을 현실화시키기 위한 행동력에 모든 에너지를 집중하는 힘에 있다.

✐ 가장 어렵지만 가장 중요한 키워드, '신용'

신용은 한 순간에 '뚝딱' 하고 만들어지지 않는다. 나 자신과의 약속도 쉽게 깨뜨리는 사람이 타인과의 약속을 잘 지켜낼 수 있을까? '수신제가치국평천하(修身齊家治國平天下)'라고 했다. 자기 자신도 속이는 사람에게 타인과의 신용이 쌓일 리가 없다. 부를 이루는 시작이자 끝이 모두 '신용'으로 시작해 '신용'으로 끝난다는 것을 알고 있다면 당신이 보내는 하루에 대한 태도가 달라질 것이다.

열심히 사는 것과 신용을 쌓는 삶은 다른 것이다. 열심히만 사는 사람은 신용이 깨지는 형태의 보상을 바라게 되므로 신용이 높아질 시간이 없다. 기분대로 하는 쇼핑이나 외식, 돈이 쌓이기도 전에 떠나는 여행, 열심히 살아서 스트레스가 쌓였다는 이유로 불필요한 만남을 지속해 나가는 것, 이 모든 선택의 오류들이 그나마 작게 쌓인 신용마저 마이너스로 만들어 버린다.

자기 자신과의 신용을 중시하는 사람은 꾸준히 신용을 쌓아가는 것에서 기쁨을 찾는다. 다른 사람이 보지 않는 그 순간에도 나 자신에게 떳떳한 존재가 되기 위해 기꺼이 성장하는 기쁨을 선물한다. 자신의 건강에 대한 신용을 쌓고, 신용을 쌓을 수 있는 지적 실력을 갖추고, 지혜로운 관계를 통해 의미 있는 상생의 만남만을 쌓아간다. 무엇보다 세상에 필요한 존재가 되기 위한 준비를 꾸준히 해 나간다. 신용은 보이지 않지만, 한 사람이 풍기는 내적인 에너지, 사용하는 언어, 외적인 건강, 태도와 매너 등으로 드러난다. 자기 신용이 최고 수준인 사람들은 많은 사람들에게 필요한 존재가 되기 때문에 신용을 바탕으로 한 가치 거래를 하고 싶어 하는 사람들이 많아진다. 점점 더 큰 부를 이루는 힘과 에너지를 가진 사람이 되는 것이다. 이것이 신용이 주는 힘이다.

신용은 도미노 효과와 같다. 5mm의 작은 도미노 하나가 넘어지면 궁극에는 1,454피트(약 102층 높이)나 되는 엠파이어 스테이트 빌딩도 쓰러뜨릴 만한 힘을 갖게 된다. 플러스 작용이든, 마이너스 작용이든 나 스스로에게 어떤 신용을 쌓아가는지에 따라 도미노 효과는 항상 발생할 것이다.

그렇다면 당신은 어떤 신용을 쌓아갈 것인가? 현재 내 신용이 궁금하다면 하루를 점검하라. 자신이 생각할 때 마이너스 신용이라면 나 자신에 대한 신용자산을 어떻게 쌓아가야 할지부터 세워야 한다. 하루의 일상을 점검하고 신용을 스스로 평가해보라. 당신의 신용은 몇 등급인가?

돈은 다른 사람으로부터 온다. 그리고 그 돈은 신용창조에 의해 매 순간 이동한다. 매일 내 신용을 키워라. 지켜라. 도미노 효과에 의해 엠파이어 빌딩도 쓰러뜨릴 만큼의 엄청난 보상이 기다리고 있을 것이다.

네임 밸류가 만들어 낼
일류의 삶

4

🖋 30년 성공하는 인생을 만들어 준 초심

2006년 유재석이 맡은 주말 예능 〈무한도전〉은 폐지 위기에
몰렸다. 다양한 시도에도 불구하고 시청률은 매 주 바닥을 향해
끝도 없이 추락했다. 타 채널 예능은 승승장구하고 있는데 반해,
무한도전은 시청률 최악이라는 불명예를 담당해야 했다. 당시
유재석은 개그맨으로서 특별한 개인기가 있거나, 다른 개그맨들
처럼 관객들을 '빵' 터뜨려주는 개그 소질이 있는 것도 아니었다.
심지어 방송 울렁증까지 있었기 때문에 자신의 한계를 극복하는
유일한 방법은 끊임없이 최선을 다해 도전하는 모습을 보여주는
것뿐이라고 생각했다.

그는 '내가 이 위기를 어떻게 극복해야 할까?'라는 질문에 답을 찾고 싶었다. 스스로 명쾌한 해답을 내놓지 못하자 유재석은 매일 밤 간절히 기도하기 시작했다. 일이 잘 풀리지 않고 하는 일마다 어긋나는 결과만 나올 때 그는 조용히 기도했다.

'제발 단 한 번만 제게 개그맨으로서 해낼 수 있는 기회를 주신다면 그 소원이 나중에 이루어졌을 때 단 한 번이라도 지금 마음과 달라져 초심을 잃고, 이 모든 것들을 나 혼자 이룬 것이라는 생각을 단 한 번이라도 한다면, 그때는 세상에서 가장 큰 아픔을 주셔도 원망하지 않겠습니다.'라고 말이다.

간절한 기도가 통했던 것일까? 유재석은 위기 상황에서도 매일 꾸준히 자신의 역량을 키워나간 덕분에 대한민국 정상에 선 프로 방송인이 되었다. 유재석이라는 이름 석 자가 주는 강력한 네임 밸류의 힘은 여전히 대한민국을 이끄는 이슈들을 만들어내고 있다.

유재석의 방송 성공 전략은 이러했다. 자신의 성향에 맞게 몇몇 프로그램에 집중해, 자신이 할 수 있는 최선을 다했다는 만족감이 느껴질 때까지 프로그램에 완전히 몰입하는 것이었다. 그의 선택과 집중 방식은 적중했다. 그것이 그가 오래가는 성공의 비밀을 푸는 열쇠였다.

얼마 전 30주년을 맞이한 유재석을 축하하기 위해 〈유퀴즈〉

에 많은 후배 개그맨들이 나와 그의 미담 보따리를 전격 풀어놓았다. 초창기 어려웠던 시절, 정상의 자리에 섰을 때 다른 사람들의 도움을 외면하지 않겠다고 다짐했던 그 기도가 미담이 되어 쏟아져 나왔다.

유재석의 행보는 언제나 '대한민국'에 영향을 미쳤다. 그가 방송인으로 살아오는 동안 쌓아온 미담 스토리들이 퍼져 나갈수록 유재석이라는 네임 밸류의 가치는 더욱 높아져갔다. 아마 이 책을 읽는 당신도 유재석 미담 하나 쯤은 들어보았을 것이다.

유재석은 자기 자신의 '소신'대로 '시도'하는 삶을 증명해 냈다. 그는 무한도전이 최저 시청률에서 최고 시청률에 등극해 1등을 하고 있을 때에도 항상 이렇게 말했다.

"세상은 너무나 빠르게 변한다. 지금은 너무나 감사하게도 정상의 자리에 있지만 언제든 세상이 원하면 자리를 비켜주어야 할 때가 올 것이다. 그런 날이 언제 올지 모르기 때문에 저는 매일 최선을 다해 살 수밖에 없다."

그렇게 세상의 빠른 변화에 맞게 지속적인 혁신의 토대를 만들어 나갔다. 신이 주신 정상에의 자리에 설 기회가 왔을 때 흔들리지 않기 위해 더욱 단단하게 초심을 지켜나갔다.

그는 특별한 사람이 아니었다. 지독할 정도로 한결같고, 소신 있는 그의 성공 전략은 어쩌면 너무나 평범해서 강렬하기보다 은은하게 느껴질 정도다. 유재석은 자신이 어떤 모습으로 살지에 대한 명확한 원칙과 태도를 지녔고, 자신이 할 수 있는 본질에 집중해 열매가 맺힐 때까지 매일 최선을 다했다. 매일 힘을 빼고, 최선을 다하는 '시도'가 박수 받는 세상이 되었으면 좋겠다고 말하는 그는 마침내 '은은하게 빛나는 1등!', '소신 있고 우직한 일류'가 되었다.

🖋 이름 석 자로 증명하라

유재석의 데뷔 초창기는 암울하고 긴 슬럼프의 연속이었다. 그에게 희망의 길이라고는 찾아볼 수 없었다. 소심하고 내향적인 성격 탓에 그는 방송가에서 몇 번이나 잘릴 위기에 놓였다. 하지만 그는 그 이면에 숨은 자신만의 성공에 대한 비전을 보았고, 최선을 다해 자기 자신을 혁신하다 보면 세상이 반드시 자신을 인정해 줄 날이 올 것이라는 것을 알았다. 세상을 탓하는 대신, 자기 자신을 바꾸기 시작했다. 얼마 전 새롭게 진출한 유튜브(뜬뜬TV)는 단기간에 200만 구독자를 달성했다.

그의 열정과 비전, 리더십은 초심을 지켜 온 30년 동안 다양한 경험을 통해 지혜가 되었고, 그의 네임 밸류는 더욱 강력한 브랜드가 되었다. 난관에 부딪힐 때마다 몇 번이고 좌절했지만, 그때마다 마음속으로 외친 자신의 성공에 전념했다. 그 결과 방송 울렁증을 가진 실패자에서 가장 가치 있는 브랜드 네이밍을 가진 일류로 성장할 수 있었다.

모든 성공으로 가는 과정이 그러하듯, 매일 익숙한 길만 갈 수 있는 것은 아니다. 하지만 분명한 것은 내가 가고자 하는 목적지가 분명하다면 그 길을 걷는 과정에서 만나는 시련들은 나의 한계를 뛰어넘게 되는 시발점이자 기회가 될 것이다. 확실히 내 이름 석 자를 세상에 알리는 일은 가치 있고 현명한 일이다.

당신은 이제 당신의 분야에서 '유재석'처럼 주목받는 일류가 되어야 한다는 진실을 배웠다. 빠르게 변화되는 세상에서 당신의 이름이 명예롭게 드높여지는 순간, 10배 더 강력한 부와 행운이 끌어당겨질 것이다. 당신은 네임 밸류를 10배 드높일 준비가 되었는가?

내가 성공할 운명인지
단번에 알아보는 법

5

✒ 빠르게 성공하려는 사람들이 놓친 한 가지

"자네가 보기에 내가 성공할 상인가?"

인생을 허겁지겁 바쁘게 사는 것이 최선의 성공 방식이라고 말하는 사람들이 있다. 조금의 빈틈도 없이 빽빽한 일정을 쳐내느라 온전한 여유나 식사 시간이란 그들에게 사치다. 밥 먹는 시간조차 아깝다고 여겨 초고속으로 식사하는 모습을 보면 마치 밥을 마시는 느낌마저 든다. 아이로니컬하게도, 바쁘면 바쁠수록 시간이 더더욱 없어진다. 더 바쁜 것만이 인생을 잘 사는 것이라고, 그래야 흘러가는 시간을 덜 후회하며 보낼 수 있다고 말하며 자신의 몸과 정신을 끊임없이 정죄하며 살아간다.

하지만, 일본의 인문학자이자 관상가인 미즈노 남보쿠는 이렇게 말한다.

> "조급함이 당신을 망칠 것입니다. 선(善)이라는 것은 오래 쌓여야 그 가치가 빛나게 되는 법, 당신은 어찌하여 하루아침에 나타나지 않는다고 하여 조급해 하십니까? 세월을 쌓아놓지 않으면 빈상으로 변하게 마련입니다."
>
> - 미즈노 남보쿠, 《소식주의자》

미즈노 남보쿠는 누군가에게 자신의 얼굴에 죽음의 그림자가 드리웠다는 말을 듣고 난 후 자신의 운명을 개선하기로 마음먹었다. 그때부터 이발소와 목욕탕, 화장터 등에서 일하며 사람들의 두상 및 몸의 상태, 죽은 사람의 뼈와 골격 등을 공부했다. 그리고 마침내 그는 문하생이 1천 명이 넘을 정도로 일본에서 유명한 관상가로서 명성을 떨쳤다.

그는 관상학을 통해 식습관과 성공 사이의 독특한 상관관계를 발견했다. 세상의 모든 가난과 불행, 비명횡사는 모두 식습관에서부터 시작된다는 것이다. 대체 식습관과 가난이 무슨 상관이 있단 말인가? 그 이유는 이렇다.

모든 대식하는 습관은 '절제하지 못하는 마음'에서 비롯된 것이며, 폭식은 사치스런 마음에서 시작된다는 것이다. 파티를 위해 화려하게 차려진 음식 테이블을 떠올려보라. 다 먹지도 못할 만큼의 음식을 만들어 테이블에 꽉꽉 채워두고, 먹고 마시느라 정신없이 시간을 보내느라 바쁘지 않은가? 마치 꿈을 꾼 것처럼 화려한 시간들을 즐기고 나면 남는 것은 건강하지 못한 내 몸의 컨디션과 낭비된 음식물 쓰레기뿐이다. 미즈노 남보쿠는 이런 사치스런 모습과 폭식하는 것이 진정한 성공으로부터 멀어지게 한다는 이치를 발견했다.

뿐만 아니라 빨리 먹고, 대식하는 습관 역시 빨리 성공하고 싶은 조급한 마음으로부터 나온다는 것을 알았다. 하지만 진정한 성공은 생각하는 만큼 그리 빨리 오지 않는다. 우리 주변에서 오히려 너무 빨리 부를 이루는 것이 화를 부르는 악수가 되는 경우가 얼마나 많았는가?

진정으로 성공을 빛내는 사람들은 모두 '절제'와 '인내'를 꾸준히 지켜낸 사람들이다. 무엇이든 중독되거나 취하는 것을 경계하고 정신을 항상 맑게 유지하기 위해 소식한다. 성공과 인기에 취하게 되는 순간 고꾸라지는 것은 한 순간임을 직감적으로 알고 있기 때문이다.

만약 자신이 진정으로 성공할 수 있는지 알고 싶다면 스스로에게 먼저 이렇게 자문해야 한다.

"내가 절제하는 사람인가?"

절제와 인내 없이 만들어진 성공은 언제든 당신의 곁을 재빨리 떠날 것이다. 빨리 온 만큼 더 빠르게 말이다. 그러니 꾸준히, 그리고 서서히 인내하고 절제하는 법부터 배우라. 절제하는 힘이 곧 당신이 이룰 수 있는 성공의 크기다. 적게 먹고, 느리게 먹으며 정신을 맑게 유지하는 것이 당신의 인생을 10배 더 높은 곳에 데려다 줄 것이다.

✒ 우리 집과 호텔의 상관관계

나는 중요한 선택들을 해야 할 때 호텔 로비에 있는 카페에 간다. 근거리에 있는 많은 카페들을 두고 굳이 호텔로 가는 이유는 심플하다. 그곳에서 느껴지는 성공의 기운을 느끼기 위해서다. 호텔에 한 번쯤 가보았다면 당신도 내가 말하는 성공의 기운이 무엇인지 짐작할 것이다. 고급지면서도 심플하고, 말끔하게 정돈된 로비를 바라보며 차 한 잔을 마시다 보면 머릿속 복잡했던 생각들이 순식간에 가라앉는다.

집에서는 하루 종일 고민해도 풀리지 않던 문제들이 호텔 카페에서 다시 질문을 던지면 신기할 정도로 너무 명확하게 답이 찾아질 때가 많다. 비싼 돈 주고 산 커피라서 더 쉽게 답이 찾아지는 것일까? 대체 그 차이점은 무엇일까?

그것은 바로 '플러스 자장'이 주는 힘이다. 청소와 정리는 성공에너지를 발산하는 가장 기본이자 가장 강력한 플러스 자장을 만드는 비결이다. 플러스 자장은 즉각적으로 당신의 기분에 영향을 미친다. 기분이 좋으면 실제로 밝은 에너지가 발산되어 생각정리도 잘 이루어지기 마련이다. 부자들은 이런 기분과 에너지의 상관관계를 잘 알고 있기에 자신의 집을 호텔처럼 가꾼다. 심지어 정리 전문가 곤도마리에는 "설레지 않으면 아낌없이 버려라"라는 말을 할 정도다.

대개 우유부단하고 결단력이 부족한 사람들은 자신의 집에도 수많은 물건들을 쌓아두고 사는 경우가 많다. 버려야 할지, 보관해야 할지에 대한 기본적인 답도 스스로 내리지 못한 채 스트레스를 받으면서도 물건을 이고 사는 꼴이다. 이런 집이라면 당신은 성공 에너지를 지속적으로 갉아먹을 것이다. 플러스 자장은커녕 마이너스 자장이 가득한 집에서 성공 에너지가 뿜어져 나올 리 있겠는가? 만약 내 안에 고민과 걱정이 많다면 당장 집 안에 쌓인 물건들부터 버리기 시작해야 한다.

매우 기쁜 감정을 주는 물건이 아니라면 그 어떤 것이라도 당장 버리고, 나누고, 정리하라. 언젠가 유용하게 쓰일 수 있는 애매하고 값싼 물건이 가득한 집과, 가장 고품격을 드러내 주는 핵심만 남긴 호텔 같은 집! 어디에서 성공을 부르는 영감이 더 잘 떠오를 것 같은가? 어떤 공간이 성공할 운명을 안겨줄 곳인가? 답은 이미 당신 안에 있다.

10배의 부를 찾는
마지막 관문

6

가장 오래 성공하는 인생으로 남는 비밀열쇠

사람들 개개인의 내면에는 집이 있다. 그 집은 너무나 소중해서 아무나 들어갈 수 없다. 그 집에 들어가려면 특별한 기준점을 통과해야 한다. 그 집 주변에는 아주 큰 울타리가 있어서 그 울타리를 넘을 수 있다면 성공의 최상단 위치에 설 수 있게 된다.

그 울타리를 넘으면 집 앞 잠긴 문에 이런 문구가 쓰여 있다.

〈황금률〉

"내가 대접받고 싶은 대로 남을 대접하라."

그렇다. 사람들의 내면에 있는 집은 '마음'이다. 마음을 얻을 수 있는 최고의 비결은 '황금률'을 지키는 사람이 되는 것이다. 성공이라는 피라미드가 있다면 가장 꼭대기에는 황금률이 존재하고 있다. 하지만 대부분의 사람들은 내 감정대로, 내 마음대로 다른 사람들을 판단하고 비난하는 것에 더 익숙하다. 만약 그런 대접을 누군가 나에게 한다고 생각해보자. 과연 내 마음에 있는 집에 그 사람을 초대하고 싶을까? 오히려 멀리 떠나보내고 싶을 것이다.

　　황금률의 중요성을 아는 사람은 많다. 그런데 왜 실천하는 사람은 적은 것일까? 내가 찾은 비밀은 많은 사람들이 황금률의 두 번째 원칙을 몰랐기 때문이라고 생각한다.

　　황금률의 두 번째 원칙은 이 것이다.

"내가 대접받고 싶은 대로 나를 대접하라."

　　개그우먼이자 사업가인 홍진경 씨가 대학 축제에서 버스킹 토킹을 하다 질문을 하나 받았다.

　　"홍진경 씨처럼 다른 사람을 웃기는 일이 좋은데 우스운 사람처럼만 보이지 않으려면 어떻게 해야 하나요?"

　　이 질문에 대한 홍진경 씨의 답은 무엇이었을까?

　　"저는 제가 매일 베고 자는 베개의 면, 입을 대고 마시는 컵의 디자인, 매일 매일 지내는 집의 정리 정돈 상태 같은 아주 사소한 것에서부터 자존감이 시작되는 것 같습니다. 매일 그런 선택들로 채워지다 보면 나중에는 나에 대한 자존감이 쌓여서 내 이름을 걸고 하는 일, 나에게 맡겨지는 일 등 모든 것을 정말 예쁘고 퀄리티 있게 잘 하게 됩니다."

홍진경 씨가 남을 웃기는 일은 자기 자신을 낮춰서 웃기는 것이 아니라 오히려 내가 대접받고 싶은 대로 나 자신을 먼저 대접해 주었기 때문에 가능한 일이었던 것이다. 만약 그녀가 나보다 남을 위해 개그를 했다면 사람들은 그녀를 향해 응원해 줄 수 있었을까? 그렇지 않을 것이다. 작용 반작용 법칙에 의해 스스로 나 자신을 먼저 대접해 줄 때 남도 나를 귀하게 여기기 시작한다.

생각도 마찬가지다. 내가 어떤 생각을 나 자신에게 품어주느냐에 따라 다른 사람도 똑같이 느낀다. 나 자신을 낮게 여기고 낮추기만 하는 사람은 다른 사람에게도 똑같은 시선을 받는다. 나 자신을 대접하고 귀하게 높이는 사람은 남도 함부로 대하지 못한다. 이를 증명이라도 하듯 그녀의 남동생은 홍진경 씨의 모습을 보고 이런 피드백을 남겼다.

"우리 누나는 웃긴 사람이지만 결코 우습지 않은 사람이다."

황금률의 첫 번째 원칙을 지켜내기 위해서는 황금률의 두 번째 원칙인 '내가 대접받고 싶은대로 나를 대접하라'가 선행되어야 한다. 나를 먼저 대접해 주는 사람에게 남도 대접해 줄 마음이 생기는 법이니까 말이다.

🖋 성공 피라미드의 최상단, 황금률의 재해석

황금률의 원칙을 가장 현명하게 실천해 나가는 방법은 '지혜롭고 영리한 기버'가 되는 것이다. 지혜롭고 영리한 기버는 마땅히 받을 준비가 된 사람에게만 먼저 주고 주고 또 준다. 주어야 할 사람과 주는 것이 오히려 독이 되는 사람들을 영리하게 잘 분별한다는 뜻이다. 이때 주는 것의 기준은 항상 100%여야 한다. 즉 대가를 바라지 않고 진심으로 주고자 하는 마음으로 주어야 한다는 것이다. 그 이유는 주는 행위 자체가 목적을 바라고 만들어진 것이 아닌, 성공으로 가는 삶의 일부이자 방식이 되어야 하기 때문이다. 그렇게 될 때 진정한 황금률의 법칙이 작동하기 시작한다.

일본 최고 부자 사이토 히토리는 '인간관계'라는 탑을 잘 쌓아 올려 일도 잘 풀리게 하는 방법은 '사랑'에 있다고 한다. 사랑이야말로 성공의 윤활유 같은 역할을 하며 반대로 사랑이 없이 주는 행위는 무너지는 모래성과 같다고 했다.

황금률이야말로 사랑을 실천하는 교과서다. 10배 더 크고 길게 성공을 이루는 핵심이다. 사랑이 담긴 황금률은 사람의 마음을 크게 만든다. 사랑이 없으면 주는 것이 아까워진다. 왠지 손해보는 기분이 먼저 마음 속에 자리 잡게 만들기 때문이다. 내면에 사랑이 채워지면 주는 것이 당연해진다. 결국 우리 모두의 마음은 사랑으로 채워져 있기 때문이다.

내가 찾은 10배 성공의 다른 이름은 황금률이며, 황금률의 다른 이름은 사랑이다. '사랑'이라는 핵심이 없이는 우리 모두 성공을 향해 가는 길에 수많은 방황과 무의미함을 느낄 것이다. 나 자신을 사랑하고 남을 사랑하는 것, 그렇기 때문에 기꺼이 100% 사랑의 마음으로 주는 것! 이것이 성공의 최상단으로 향하는 핵심 비결이다.

이 책을 다 읽고 난 뒤 당신이 가장 잘 보이는 곳에 황금률의 뜻이 쓰여진 글귀가 붙어있기를 소망해 본다. 그리고 당신에게 빠른 시일 내에 10배 큰 부와 행운이 찾아오기를 기대한다.

10배 성공의 황금률

내가 대접받고 싶은 대로 남을 대접하라!
내가 대접받고 싶은 대로 나를 대접하라!

당신이 10배 부를 이룬 삶을
증명해 주기를 간절히 기대하며

바쁜 아침 강의 가는 길, 적신호에 멈춘 틈을 타 문득 하늘을 보았다. 날개를 활짝 펼친 모습처럼 양갈래로 흩어진 모양을 한 구름이 태양을 가리고 있었다. 그 모습을 보는 순간 마치 우리 인생의 위대한 성공을 눈앞에 둔 전야제 모습과 같다는 생각이 들었다.

사실 내 인생은 먹구름 그 자체였다. 어떤 시도를 해도 매번 먹구름 낀 하늘처럼 맑지 않고 흐린 나날의 연속이었다. 그저 막막하고, 두렵고, 불안한 하루하루를 '버텨 가다보면 언젠가는 되겠지?' 하는 말도 안 되는 핑곗거리들로만 배불리 채우고, 행동하지 않았으면서 늘 세상 탓, 환경 탓을 하는 찌질함의 1인자가 바로 나였다.

빚 3억 5천만원, 첫째 아들의 '길랑바레 증후군'이라는 자가 면역 진단, 남편의 공황장애, 이 모든 폭탄들이 터지기 시작하고 나서야 정신이 번쩍 들었다. 이런 결과를 맞이하는 것은 어쩌면 당연한 결과였다. 생각, 말, 행동 모두 먹구름만 신나게 끌어당기는 하루하루를 보내고 있었기 때문이다.

그러다 종이 한 장에 내 꿈을 적어보았다. 7,777억 부자가 되고 싶다는 허황된 꿈 말이다. 그 작은 행동 하나가 꿈의 신호탄을 터뜨린 시발점이 됐다. 먹구름이 아닌 황금 날개 구름이 내 인생 앞에 나타나고, 태양만큼 뜨거운 내 성공의 신호탄이 비로소 터지기 시작한 것이다. 인생의 방향을 바꿔 꿈의 신호탄을 터뜨리는 순간 꿈이라는 글자가 뒤집혀 성공의 '문'이 된다. 그때부터 인생은 진정한 10배 성공으로 향하는 축제가 된다.

당신의 하루하루가 불안과 우울, 두려움으로 채워져 있다면 당신은 아직 성공으로 향하는 신호탄을 찾지 못했고, 터뜨리지 않았을 뿐, 우리 모두에게는 각자의 인생을 축제로 만들 숨겨진 성공의 태양이 존재하고 있다.

어쩌면 태양처럼 뜨거운 당신의 성공도 잠시 먹구름 뒤에 가려져 있는 것은 아닐까?

내가 제일 좋아하는 소리는 뜬구름 잡는 소리다. 10배 부의 주인공이 되고 싶다면 태양을 가린 먹구름을 뜬구름 잡는 생각, 말, 행동력으로 걷어내야 한다. 10배 더 말도 안 되는 생각, 10배 더 말도 안 되는 행동력, 10배 더 말도 안 되는 자신감으로 똘똘 뭉쳐 태양이 자신의 모습을 당당하게 드러낼 수 있도록 해야 한다. 그 태양의 아우라야 말로 당신이 진짜 원하는 10배의 부가 오는 삶이니 말이다. 먹구름은 뜬구름을 이길 수 없다. 악이 선을 이길 수 없고, 어둠이 밝음을 숨길 수 없듯 말이다.

아마 이런 사람도 있을 것이다.

'가만히 놔두면 알아서 먹구름이 걷힐 텐데 굳이 왜 걷어내야 하지?'

하지만 당신이 기억해야 할 두 가지가 있다. **하나는,** 알아서 자라도록 내버려 두면 모두 잡초 같은 인생이 될 뿐이라는 것이고, **다른 하나는,** 가만히 있으면 태양을 향해 손을 미리 뻗은 누군가가 당신의 인생을 대체할 것이라는 사실이다. 그러니 더 이상 지체하지 말고 즉시 행동으로 옮겨야겠다고 결단하라. 방향과 속도 둘 다 중요해진 세상에서 속도를 늦춰 10배 행운의 기회를 놓치는 우는 범하지 말자.

마지막으로 당신의 인생을 축제로 바꿀 신호탄 같은 메시지를 던지며 글을 마친다.

시장이 탁월한 수준에 도달한 사람에게만 보상한다는 사실을 알면서 어째서 그저 '좀' 하는 수준에 머무르는가?

- 그랜트 카돈, 《10배의 법칙》 -

당신이 이 책의 주인공이 되어 10배 부를 이룬 삶을 증명해 주기를 간절히 기대하며, 부디 이 책을 통해 당신의 인생이 10배 더 강력하게 빛나는 태양이 되길 진심으로 바란다.

2024년 9월

인사이트 퀸 소피노자

박 서 윤

북큐레이션 • 마인드셋 전환으로 당신의 삶을 혁명적으로 바꿔줄 라온북의 책

《10배의 부가 온다》와 함께 읽으면 좋을 책. 사고의 패러다임을 혁신해 남보다 한 발 앞서 미래를 준비하는 사람이 주인공이 됩니다.

직장인이 직업인으로 살아가는 방법

인생 리셋

김형중 지음 | 19,500원

호모 헌드레드 시대, 당신의 인생 2막을 준비하라
창직의 시대, 나의 가치 밸류 업 노하우!

이제 대한민국은 저성장 시대로 접어들었다. 저성장이 가져다주는 신호는 우리에게 분명하다. 직장인으로서 나의 여건을 냉철하게 재점검하고, 내 인생의 포트폴리오를 만들어가야 한다. 퇴직 이후의 시간은 너무나도 길다. 현재 나의 직장생활만을 안위하면서 살아가는 것은 너무나도 안타까운 일이다. 우리의 삶을 건강하고, 가치 있고, 지속가능하게 가져가야 할 것이다. 이를 위해 이 책 《인생 리셋》이 당신의 삶에 시금석이 되어 줄 것이다. 은퇴라는 강줄기의 끝에는 새로운 미래가 자리잡고 있다. 《인생 리셋》을 통해 당신의 더 큰 미래를 열어보자!

퇴직 전 30억 만들기 프로젝트

직장인 불로소득

홍주하 지음 | 19,800원

《직장인 불로소득》으로 퇴직 전 30억 만들기,
투기가 아닌, 투자를 하면 얼마든지 가능하다

이 책 《직장인 불로소득》은 부동산, 미국 주식 ETF 등 다양한 재테크 방법을 안내하고 있다. 그리고 이렇게 투자한 시간으로 얻은 불로소득은 직장에서 온종일 일하며 번 월급보다 더 많은 소득을 벌어줄 것이다. 직장에서 받는 월급은 내가 노력하는 만큼 보상을 해주지 않는다. 하지만 불로소득은 다행히 내가 노력한 만큼 소득을 가져다 줄 것이다. 또한, 시간이 갈수록 복리 그래프를 그리며 당신의 자산을 두둑이 불려줄 것이다.

명심하라. 퇴직 전 30억 만들기를 할 수 있느냐, 아니냐는 당신의 선택에 달려 있다. 시작도 하기 전에 스스로 한계를 긋지 말기 바란다. 이 책 《직장인 불로소득》은 독자들을 통해 여유롭고 풍요로운 노후로 이끌어 줄 것이다.

연봉을 2배로
만드는
기적의 노하우

초필사력

이광호 지음 | 19,500원

읽고 적고 생각하고 실천하라!
필사의 기적이 당신의 삶에 또다른 문을 열어줄 것이다!

필사는 행동력을 높여준다. 필사 노트에는 책 내용뿐만 아니라 생각, 감정, 지식, 계획…, 머릿속에 일어나는 중요한 아이디어를 모두 담을 수 있다. 자극받았을 때 바로 행동할 수 있도록 노트에 실행 계획을 바로 세울 수도 있다. 필사할수록 기록이 생활화된다. 기록은 기획, 실행, 성과, 수정에 이르기까지 모든 행동을 눈으로 확인할 수 있게 해준다. 나를 측정하고 개선을 돕는다. 그래서 필사는 기록하는 습관을 통해 실천력을 키워준다. 누구나 행동하면 자기 이름으로 살아갈 수 있는 시대다. 당신이 어디에서 무엇을 하든 어제는 운명이고, 내일은 선택이며, 오늘은 기회라는 것을 기억했으면 좋겠다. 기회가 왔다. 자, 이제 필사의 세계로 함께 떠나보자.

핵개인 시대를
주도하는 당신의
하이퍼 퍼스낼리티
강화 전략

파워 루틴핏

정세연 지음 | 19,500원

파워루틴이 당신의 삶에
변화와 행복의 실행력을 불어넣을 것이다!

파워 루틴은 일상 속의 공식이자 실제적인 액션플랜이다. 루틴으로 탄탄해진 일상은 실력이 되고 성과로 나타난다. 남들과는 다른 탁월함이 되어준다. 일을 할 때도, 돈을 모을 때도, 건강을 챙길 때도 루틴 공식은 필요하다.
이 책은 공기업에서 17년 차 여자 차장으로 쌓아온 정세연 저자의 내공과 지혜, 경험을 온전히 녹여냈다. 행복해지고 싶고, 이제는 좀 달라지고 싶지만, 어디서부터 어떻게 시작해야 할지 모르겠다면, 파워 루틴핏으로 오늘이라는 계단을 올라보길 바란다. 한 번에 한 계단씩 천천히 행복하게 오를 수 있도록 파워 루틴 코치인 저자가 도와줄 것이다. 일상 속 사소하지만 중요한 고민들의 해답을 얻길 바라며, 이제 함께 파워 루틴핏을 시작해보자.